TOP 10
MARRAKECH

Highlights

Themen

Willkommen in Marrakech............**5**	Historische Ereignisse.................**38**
Marrakech entdecken **6**	Kunst & Kultur...............................**40**
Highlights.......................................**10**	Berühmte Besucher **42**
Jemaa el-Fna.................................**12**	Architektur.....................................**44**
Nachtmarkt **14**	Hammams & Spas........................**46**
Souks **16**	Riads **48**
Koutoubia-Moschee...................**20**	Parks & Gärten..............................**50**
Stadtmauer & Tore......................**24**	Unbekanntes Marrakech...........**52**
Saadier-Gräber.............................**26**	Kinder **54**
Medersa ben Youssef.................**28**	Bars & Clubs..................................**56**
Palais el-Badi................................**30**	Spezialitäten.................................**58**
Jardin Majorelle...........................**32**	Restaurants...................................**60**
La Mamounia................................**34**	Tagesausflüge...............................**62**

Inhalt

Stadtteile & Abstecher

Jemaa el-Fna & Kasbah	**66**
Souks	**72**
Neustadt	**78**
Essaouira	**86**
Tizi-n'Test-Pass	**92**
Tizi-n'Tichka-Pass	**98**

Reise-Infos

Anreise & In Marrakech unterwegs	**106**
Praktische Hinweise	**108**
Hotels	**112**
Textregister	**118**
Danksagung, Bildnachweis & Impressum	**124**
Sprachführer	**126**

Die Top-10-Listen in diesem Buch sind nicht nach Rängen oder Qualität geordnet. Alle zehn Einträge sind in den Augen des Herausgebers von gleicher Bedeutung.

Umschlag Vorderseite & Buchrücken
Babouches – marrokanische Pantoffeln
Umschlag Rückseite Nachtmarkt
Titelseite Tür des Restaurants Chez Ali, Marrakech

Die Informationen in diesem Top-10-Reiseführer werden regelmäßig aktualisiert.

Angaben wie Telefonnummern, Öffnungszeiten, Adressen, Preise und Fahrpläne können sich jedoch ändern. Der Verlag kann für fehlerhafte oder veraltete Angaben nicht haftbar gemacht werden. Für Hinweise, Verbesserungsvorschläge und Korrekturen ist der Verlag dankbar.
Bitte richten Sie Ihr Schreiben an:
Dorling Kindersley Verlag GmbH
Redaktion Reiseführer
Arnulfstraße 124 • 80636 München
travel@dk-germany.de

… Marrakech « 5

Willkommen in
Marrakech

Marrakech, ein jahrhundertealter Handelsposten, hat nahezu mythisches Flair. Hinter den rosafarbenen Festungsmauern ragen die Gipfel des Atlasgebirges empor. Die Medina lockt mit malerischen Gassen und dem Labyrinth der Souks. Dieser Reiseführer gibt Ihnen alle Informationen für eine spannende Entdeckungstour an die Hand.

Im Zentrum der ummauerten mittelalterlichen Medina liegt der **Jemaa el-Fna**. Auf dem großen Platz bieten Musiker und Akrobaten ein lebhaftes Bild, abends werden Freiluftküchen aufgebaut. Südlich des Jemaa el-Fna liegt die an Palästen und Grabstätten reiche **Kasbah**. Nördlich des Platzes kann man in den **Souks** von Teppichen bis zu Heilkräutern alles erstehen.

In der außerhalb der Stadtmauern gelegenen **Neustadt** mit den Vierteln Guéliz und Hivernage finden Besucher exzellente Restaurants und Bars, hervorragende Shoppingmöglichkeiten und kulturelle Attraktionen vor. Unter den prächtigen Grünanlagen lohnen vor allem der **Jardin Majorelle** und die **Agdal-Gärten** den Besuch.

Marrakech ist ideale Ausgangsbasis für eine Erkundung Südmarokkos. Mit dem Bus oder einem Mietwagen gelangt man zu der bezaubernden Hafenstadt **Essaouira**. In südlicher Richtung führen Pässe durch das Gebirge in die Wüste, in der es historische Burganlagen, Dörfer, Oasen und ein Filmstudio zu bestaunen gibt.

Ob für den Wochenendtrip oder den Wochenurlaub – der *Top 10 Marrakech* führt Sie zu den spannendsten Attraktionen, die die Stadt zu bieten hat. Der Reiseführer liefert Ihnen unentbehrliche Tipps für unvergessliche Ferientage. Sieben Spaziergänge und eine Tour helfen Ihnen, viele Attraktionen in kurzer Zeit zu sehen. Anhand der detaillierten Karten finden Sie sich problemlos zurecht. **Viel Spaß mit diesem Reiseführer und viel Spaß in Marrakech!**

Im Uhrzeigersinn von oben: **Jemaa el-Fna, Riad Kniza, Hafen von Essaouira, Kasbah Aït Benhaddou, Mosaik in der Medersa ben Youssef, Teppichsouk in Marrakech, Kamele bei Merzouga**

Marrakech entdecken

Da Marrakech wenige Museen besitzt, locken Besucher vor allem die Kultur und die einzigartige Atmosphäre. Einige Sehenswürdigkeiten sollte man jedoch keinesfalls versäumen. In vier Tagen kann man die Hauptattraktionen sehen und einen Ausflug ins Gebirge unternehmen.

Legende
— Zwei-Tages-Tour
— Vier-Tages-Tour

Die Medersa ben Youssef zählt zu den am reichsten ausgeschmückten Gebäuden der Stadt.

Zwei Tage in Marrakech

Tag ❶
Vormittags
Besichtigen Sie den Jemaa el-Fna (siehe S. 12f) und die Saadier-Gräber (siehe S. 26f). Im Café Clock (siehe S. 71) können Sie zu Mittag essen.
Nachmittags
Kehren Sie nach dem Besuch des Palais el-Badi (siehe S. 30f) über eine der Rues Riad Zitoun zum Jemaa el-Fna zurück. Nach einer Kaleschenfahrt rund um die Stadtmauer (siehe S. 24f) genießen Sie im La Mamounia (siehe S. 34f) einen Drink. Speisen Sie auf dem Nachtmarkt (siehe S. 14f).

Tag ❷
Vormittags
Gehen Sie vom Jemaa el-Fna aus in die Souks (siehe S. 16f). Das Atay Café (siehe S. 77) lädt zum Lunch.
Nachmittags
Besichtigen Sie die Medersa ben Youssef (siehe S. 28f). Gehen Sie zur Place du Moukef und nehmen Sie ein Taxi zum Jardin Majorelle (siehe S. 32f). Eine weitere Taxifahrt bringt Sie nach Guéliz. Genießen Sie einen Drink in der Sky Bar (siehe S. 56) und die Küche des Al Fassia (siehe S. 83).

Vier Tage in Marrakech

Tag ❶
Vormittags
Bewundern Sie die Koutoubia-Moschee (siehe S. 20f) und die Saadier-Gräber (siehe S. 26f), bevor Sie im Café Clock einkehren (siehe S. 71).
Nachmittags
Kehren Sie nach dem Besuch des Palais el-Badi (siehe S. 30f) über eine der Rues Riad Zitoun zum Jemaa el-Fna zurück. Unternehmen Sie eine Kaleschenfahrt rund um die Stadtmauer (siehe S. 24f). Steigen Sie am La Mamounia (siehe S. 34f) aus, um einen Drink zu nehmen, bevor Sie auf dem Nachtmarkt traditionelle Speisen genießen (siehe S. 14f).

Marrakech entdecken « 7

Die Souks sind voller winziger Läden, die traditionelle Waren verkaufen. Die Gassen bieten ein wahrhaft authentisches Flair.

Der Jardin Majorelle ist eine ruhige Oase außerhalb der betriebsamen Medina.

Tag ❷
Vormittags
Bummeln Sie vom Jemaa el-Fna aus durch die **Souks** (siehe S. 16f). Kehren Sie im **Atay Café** (siehe S. 77) ein.
Nachmittags
Besichtigen Sie die **Medersa ben Youssef** (siehe S. 28f) und die **Maison de la Photographie** (siehe S. 41). Spazieren Sie zum Viertel Mouassine mit dem **Dar Cherifa** (siehe S. 72). Im **Dar Moha** oder im **La Maison Arabe** (siehe S. 77; Reservierung erforderlich) kann man gut zu Abend essen.

Tag ❸
Vormittags
Fahren Sie mit dem Taxi zum **Jardin Majorelle** mit dem **Musée Yves Saint Laurent** (siehe S. 32f). Eine weitere Taxifahrt bringt Sie nach Guéliz zum Lunch im **Kechmara** (siehe S. 83). Stöbern Sie dann in den Boutiquen.
Nachmittags
Entspannen Sie in einem *hammam* (siehe S. 46f) in der Medina. Danach lockt das **Grand Café de la Poste** (siehe S. 83) in Guéliz.

Tag ❹
Vormittags
Besuchen Sie in der Kasbah das **Palais de la Bahia** oder das **Dar-Si-Saïd-Museum** (siehe S. 68). Stöbern Sie dann nach Souvenirs.
Nachmittags
Mit dem Taxi geht es zum Lunch in den **Beldi Country Club** (siehe S. 52). Nach einigen Stunden am Pool lockt das **Comptoir Darna** (siehe S. 83).

Highlights

Minarett der Koutoubia-Moschee

Jemaa el-Fna	**12**	Saadier-Gräber	**26**
Nachtmarkt	**14**	Medersa ben Youssef	**28**
Souks	**16**	Palais el-Badi	**30**
Koutoubia-Moschee	**20**	Jardin Majorelle	**32**
Stadtmauer & Tore	**24**	La Mamounia	**34**

TOP 10 Highlights

Marrakech ist die viertgrößte Stadt Marokkos. Die Palmenhaine und imposanten Paläste der an der Grenze zum Nirgendwo gelegenen ehemaligen Handelsstadt faszinieren Besucher in ganz besonderer Weise.

1 Jemaa el-Fna
Der zentrale Platz der Medina (der ummauerten Altstadt), auf dem einst Paraden und Exekutionen stattfanden, ist heute Mittelpunkt der modernen Stadt *(siehe S. 12f)*.

2 Nachtmarkt
Abends wird der Jemaa el-Fna zum Freilichttheater und -restaurant. Gaukler, Musiker und Akrobaten unterhalten die Besucher *(siehe S. 14f)*.

3 Souks
Die Souks liegen nördlich des Jemaa el-Fna. Die einzelnen Bereiche sind auf bestimmte Waren spezialisiert. Von Teppichen über Schuhe bis zu magischen Ingredienzien wird alles verkauft *(siehe S. 16–19)*.

4 Koutoubia-Moschee
Das Minarett der Moschee dominiert die Stadtsilhouette. Marrakechs Wahrzeichen bietet einen imposanten Anblick. Zugänglich ist es nur für Muslime *(siehe S. 20f)*.

5 Stadtmauer & Tore
Marrakechs Medina ist von einer zehn Kilometer langen, rötlichen Lehmmauer umgeben, die rund 20 Tore besitzt. Die Verteidigungsanlage erwies sich im Lauf der Geschichte als wenig effektiv und hatte vor allem dekorative Funktion *(siehe S. 24f)*.

Highlights « 11

6 Saadier-Gräber
Ein schmaler Korridor führt zu den Gräbern der Herrscherdynastie der Saadier. Die in einem Park gelegene Anlage wurde erst in den 1920er Jahren wiederentdeckt *(siehe S. 26f)*.

7 Medersa ben Youssef
Das Innere der ehemaligen Koranschule mit der für Marrakech typischen schlichten Fassade schmücken kunstvoll gearbeitete Verzierungen *(siehe S. 28f)*.

8 Palais el-Badi
Die Ruinen des sagenumwobenen Palasts dienen Störchen als Nistplätze. Sie sind eindrucksvolles Mahnmal gegen allzu große Verschwendungssucht *(siehe S. 30f)*.

9 Jardin Majorelle
Der herrliche Garten, den der französische Künstler Jacques Majorelle anlegte, als er sich in Marrakech von einer Krankheit erholte, gehörte später dem Modeschöpfer Yves Saint Laurent *(siehe S. 32f)*.

10 La Mamounia
In dem weltberühmten Grandhotel mit den luxuriösen Suiten genießen seit fast 100 Jahren wohlhabende Besucher erlesene Gastlichkeit. Das Haus ist von prächtigen Gärten umgeben *(siehe S. 34f)*.

Jemaa el-Fna

Der Name »Versammlung der Toten« erinnert daran, dass auf dem Platz einst die Köpfe hingerichteter Verbrecher zur Schau gestellt wurden. Heute bieten Akrobaten und Schlangenbeschwörer ein fröhliches Bild. Trotz der Bemühungen, durch dekorative Stände und hübsche Pflasterung ein ordentliches Aussehen zu schaffen, behält der Platz sein chaotisches Flair.

1 Orangensaftstände
Die Verkäufer von frisch gepresstem Orangensaft mit ihren bunt bemalten Eisenständen (unten) erscheinen morgens als Erste auf dem Platz.

2 Träger
Da der Jemaa el-Fna für Autos gesperrt ist, sind viele Hotels in den umliegenden Gassen nur zu Fuß zu erreichen. Die allgegenwärtigen Träger (carroser) bieten willkommene Hilfe: Gegen kleines Entgelt transportieren sie das Gepäck von Besuchern auf Schubkarren.

3 Kaleschen
Die von Pferden gezogenen calèches (unten) warten an der Westseite des Platzes. Gegen Bezahlung – überzogene Preise muss man vorab geschickt herunterhandeln – kutschieren die Fahrer ihre Passagiere um die Stadtmauer. Kinder lieben die Fahrten.

4 Akrobaten
Akrobaten und athletische junge Männer (links) bieten Zuschauern ein unterhaltsames Repertoire aus Radschlagen, Salti und schwankenden Pyramiden, um ein wenig Kleingeld zu verdienen.

5 Kräuterärzte
In Marokko haben Naturheilmittel einen hohen Stellenwert. »Ärzte« verabreichen Mixturen aus zerriebenen Wurzeln, getrockneten Kräutern und gedörrten Körperteilen von Tieren – gegen Erkältung und gegen den bösen Blick.

6 Zahnzieher
Die hinter Holztabletts voller gezogener Zähne sitzenden »Zahnärzte« befreien mittellose Einheimische von ihren Schmerzen.

Infobox

Karte J3 ▪ Medina

Café de France: 0524 44 23 19 ▪ tägl. 7–23 Uhr (im Sommer bis spätnachts) ▪ zwei Restaurants ▪ keine Kreditkarten ▪ www.cafe-france-marrakech.com

Kaleschenfahrten: Place Foucault, nahe Jemaa el-Fna; Preise variieren – die Touren kosten bis zu 110 Dirham für 15 bis 20 Minuten.

▪ Am Jemaa el-Fna gibt es viele weitere Cafés mit Tischen im Freien, darunter das Chez Chegrouni (siehe S. 71).

Jemaa el-Fna « 13

Ungeplantes Meisterwerk

Laut UNESCO ist der Jemaa el-Fna ein »Meisterwerk des mündlichen und immateriellen Erbes der Menschheit«. In dieses Programm werden immaterielle Kulturgüter wie Liederzyklen, Theatertraditionen und heilige Orte aufgenommen. Ziel ist es, den einzigartigen Stellenwert dieser Güter zu verdeutlichen und zu ihrem Erhalt beizutragen. Der Jemaa el-Fna ist dieser Auszeichnung zweifellos würdig.

⑩ Wasserverkäufer

Die *gerrab* genannten Wasserverkäufer *(links)* tragen bunte Gewänder und Hüte mit Troddeln. Sie machen mit Glocken auf sich aufmerksam. Messingbecher werden nur Muslimen gereicht, Anhänger anderer Religionen erhalten Gefäße aus Weißmetall. Urlaubern bereitet das Wasser oft Magenprobleme.

⑦ Wahrsager

Den ganzen Tag über warten alte Frauen mit faltigen Gesichtern geduldig unter Schirmen auf Kunden, um diesen mithilfe ihrer Tarotkarten die Zukunft vorherzusagen.

⑨ Schlangenbeschwörer

Da einige der Schlangenbeschwörer, die auf dem Platz unterwegs sind, Besuchern die Schlangen um den Hals legen und für dieses Erlebnis Geld verlangen, geht man besser auf Abstand.

⑧ Café de France

Das bunte Treiben auf dem Jemaa el-Fna lässt sich in vielen Lokalen bei einem Kaffee beobachten. Wegen seines unkonventionellen Charmes ist das Café de France *(rechts)* bei Urlaubern und Einheimischen besonders beliebt.

Nachtmarkt

TOP 10

Bei Sonnenuntergang werden an der Ostseite des Jemaa el-Fna Dutzende Freiluftküchen aufgebaut. Einheimische und Besucher genießen neben knisternden Holzkohlegrills die große Auswahl an marokkanischen Speisen. Fast jeder Stand bietet seine eigene Spezialität, seien es mit Lammfleisch belegte Sandwiches, Schnecken in würziger Brühe, *pastillas* oder einfache hart gekochte Eier.

1 Le Grand Balcon du Café Glacier
Von der Dachterrasse des Cafés lässt sich das bunte Treiben auf dem Platz gut beobachten. Bei Sonnenuntergang ist der Blick am schönsten.

2 Travestietänzer
In Frauenkleider gehüllte, tanzende Männer sind kein ungewöhnlicher Anblick. Der uralte Brauch verleiht dem Treiben auf dem Nachtmarkt surrealen, fast kultischen Charakter.

4 Spaziergang
Bei Sonnenuntergang unternehmen viele Besucher einen Bummel über den Nachtmarkt oder spazieren die Rue Bab Agnaou entlang.

5 Musiker
Musizierende Gnawa *(unten)* fesseln mit hypnotischen Rhythmen und bezaubernden Melodien. Zuhörer lauschen den Klängen oft bis spät in die Nacht hinein – sie bleiben auf dem Platz, auch wenn alle anderen Besucher ihn längst verlassen haben.

Der Nachtmarkt auf dem Jemaa el-Fna

3 Geschichtenerzähler
Die Geschichten von islamischen Helden und Schelmen, die begnadete Erzähler vortragen, haben stets ein offenes Ende. Der Schluss folgt erst am nächsten Abend.

6 Bestellungen
Erkunden Sie das Angebot und nehmen Sie dann an dem Stand, an dem Sie essen möchten, Platz. Wer kein Arabisch spricht, zeigt auf das Gewünschte. Meist sind die Preise angeschrieben.

7 Freiluftküchen
Die Zutaten für die Gerichte werden jeden Abend frisch geliefert und vor den Augen der Gäste verarbeitet. Da das Spülwasser selten gewechselt wird, empfiehlt es sich, sich die Speisen auf Papiertellern geben zu lassen und mit den Fingern zu essen.

Nachtmarkt « 15

⑧ Spezialitäten

Zu den beliebtesten Speisen *(links)* zählen die verschiedenen *brochettes* mit gegrilltem Lamm oder Huhn sowie Suppen, pikante Würstchen, gegrillter Fisch und gekochte Kichererbsen. Experimentierfreudige können geschmorte Schnecken kosten.

> **Gnawa**
>
> Die Gnawa sind Nachfahren von Sklaven aus dem westlichen Afrika. Jahrhundertelang bewahrten sie sich in Marokko ihre Kultur durch mündliche Überlieferung und vor allem durch ihre Musik. Diese wird auf Trommeln und dem Saiteninstrument *gimbri* gespielt und erzeugt durch endlose Wiederholungen bei den Sängern und Tänzern, die die Gruppen zuweilen begleiten, einen tranceähnlichen Zustand. Die Musik der Gnawa übt in der Weltmusikszene großen Einfluss aus.

⑨ Unterhaltung

Menschentrauben drängen sich begeistert um wild dreinblickende Gaukler, Trickspieler und Wahrsager. Die Darbietungen richten sich nicht an Touristen – in Marokko ist der Glaube an die Magie tief verwurzelt.

⑩ Hennamalerei

Tag und Nacht schaffen Künstlerinnen mit Hennapaste aus Spritzbeuteln wunderbare Muster auf Händen und Füßen *(oben)*. Da zuweilen ein illegales Färbemittel, das schwere Entzündungen verursachen kann, zum Einsatz gebracht wird, ist allerdings Vorsicht geboten.

Infobox

Karte J3 ■ Der Nachtmarkt beginnt täglich bei Sonnenuntergang und dauert etwa bis Mitternacht, im Sommer haben die Stände noch länger geöffnet.

Le Grand Balcon du Café Glacier: 0524 44 21 93
■ tägl. 6 – 22.30 Uhr

■ Marrakechs Kriminalitätsrate ist sehr niedrig, doch die Menschenmengen auf dem abendlichen Jemaa el-Fna sind ideal für Taschendiebe. Achten Sie gut auf Ihre Handtasche, Ihre Einkäufe und Ihre Geldbörse.

■ Nicht jeder vertraut den Imbissständen auf dem Nachtmarkt. Das Restaurant Le Marrakchi *(siehe S. 71)* bietet als Alternative klassische Speisen wie Pizzas, Salate und Nudelgerichte.

Souks

Marrakech lebte einst vom Handel mit anderen Völkern Afrikas und mit den Spaniern, die über das Meer den Kontinent erreichten. Edle Güter wie Gold und Elfenbein kamen aus dem Süden, Lederwaren, Metallarbeiten und Keramiken gingen nach Norden. Der Handel spielt bis heute in Marrakech eine zentrale Rolle. Tausende Handwerker verdienen in den Souks in der Nordhälfte der Medina ihren Unterhalt. Ein Besuch der Souks beinhaltet neben einer Geschichtsstunde die Herausforderung, dem Zücken der Geldbörse möglichst lange zu widerstehen.

1 Souk des Tapis
Auf dem Areal des einstigen Sklavenmarkts befinden sich heute viele Teppichhändler *(rechts)*.

2 Fondouks
Die meisten der um einen Innenhof angeordneten einstigen Herbergen für reisende Kaufleute dienen heute als Werkstätten.

4 Souk el-Kebir
Die von der Rue Semmarine abzweigende, kurvige Gasse bildet das Zentrum der Souks. Sie säumen winzige Läden, die vor allem mit Lederwaren gefüllt sind.

6 Souk des Teinturiers
Die in einer der Gassen zum Trocknen aufgehängten Stränge frisch gefärbter Wolle bieten einen farbenfrohen Anblick.

3 Rahba Kedima
Auf dem Platz bieten Händler getrocknete Skorpione, Blutegel und andere sonderbare Substanzen feil *(oben)*, die in der schwarzen Magie zum Einsatz kommen.

5 Souk el-Bab Salaam
Der überdachte Markt versorgt das nahe gelegene Viertel Mellah mit allem Erdenklichen von Lebensmitteln bis zu Vögeln in Käfigen.

7 Souk Cherifia
In den von Designern geführten Boutiquen, die die drei Etagen der Mini-Mall füllen, kann man außergewöhnliche Souvenirs entdecken *(siehe S. 76)*.

Souks « 17

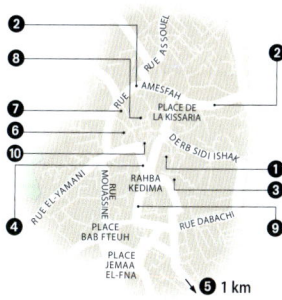

⑧ Souk des Ferronniers
Im mittelalterlichen Teil der Medina ertönt stetes Hämmern: Metallarbeiter *(oben)* fertigen Laternen, Möbel und andere Alltagsgegenstände an.

Infobox
Karte K2 ■ Medina
■ Viele Läden in den Souks sind freitags geschlossen.

■ Da Orientierungspunkte fehlen, verirrt man sich in den verwinkelten Gassen der Souks unweigerlich. Das Areal ist jedoch klein – der Jemaa el-Fna ist stets nur wenige Minuten entfernt. Vorsicht ist vor den Fahrrädern und Motorrollern in den schmalen Gassen geboten.

■ Das Café Arabe beim Souk des Teinturiers und das Café des Epices in der Rahba Kedima *(siehe S. 77)* eignen sich gut für eine Rast.

Führungen
Für die Besichtigung der Souks benötigt man keinen Führer. Das auf den ersten Blick unübersichtliche Areal ist klein, man findet stets zu einer vertrauten Stelle zurück. Führer erhalten von den »besten Läden«, in die sie Besucher lotsen, schlichtweg die höchste Provision für die Anwerbung neuer Kunden.

⑨ Rue Semmarine
Die sonnengesprenkelte Gasse, die an einem Torbogen nördlich des Jemaa el-Fna beginnt, ist der Hauptzugangsweg in die Souks. An der geschäftigen Rue Semmarine verkaufen Händler Kleider, Kaftane, Teppiche und Antiquitäten.

⑩ Souk des Babouches
Die Läden und Stände in diesem Bereich bieten ausschließlich die *babouches* genannten bunten, weichen Pantoffeln an *(links)*. Die Preisspanne pro Paar reicht von 60 bis 400 Dirham.

Souvenirs

Keramiken mit traditionellen Mustern und bunten Glasierungen

1 Keramik
Jede Region Marokkos produziert Keramiken mit eigenem Charakter. Für Marrakech ist einfache Terrakotta mit bunten Glasierungen typisch. Keramiken aus der Akkal-Fabrik würden im Sortiment eines Designerladens nicht überraschen. Der Töpfer-Souk außerhalb von Bab Ghemat südöstlich der Medina bietet eine große Auswahl.

2 Teppiche
Die von den im Süden Marokkos angesiedelten Berbern gefertigten Teppiche sind berühmt. Jeder Stamm verwendet eigene Muster. Allerdings sind nur wenige der angebotenen Teppiche alt und aus echter Kaktusseide gewebt – die meisten wurden in jüngerer Zeit aus Kunstfasern hergestellt. Es spricht nichts gegen den Erwerb dieser Produkte, man sollte sie entgegen den Behauptungen der Verkäufer aber nicht als Investition betrachten.

3 Kerzen
Kerzen verleihen vielen Riads, Bars und Restaurants in Marrakech bezaubernden Glanz. Sie werden in den Souks und in den Boutiquen in Guéliz in allen erdenklichen Formen, Farben und Größen (und mit verschiedenen Duftnoten) verkauft, auch in innovativem Design. Die größte Auswahl findet man jedoch in den Outlets in Sidi Ghanem *(siehe S. 52)*.

4 Laternen
Von der Decke herabhängende, *fanous* genannte Laternen werden kunstvoll aus Metall gefertigt und hübsch verziert. Auf dem Boden stehende Laternen sind meist bunt und werden aus Leder und Ziegenhaar hergestellt. Verkäufer von Laternen sind in den nördlichen Souks und an der Place des Ferblantiers zu finden.

Laterne

5 Außergewöhnliche Souvenirs
Viele der einheimischen Designer verleihen traditionellen Motiven eine moderne Note. Der als »Andy Warhol von Marrakech« bekannte Künstler Hassan Hajjaj fertigt *fanous* (Laternen) aus Blechen mit Werbelogos.

Souks: Souvenirs « 19

6 *Babouches*
Die handgearbeiteten marokkanischen Pantoffeln werden eigentlich aus heimischem Leder gefertigt. Auf den Souks werden jedoch in zunehmendem Maße *babouches* aus Kunstleder angeboten. Die in ihrer Grundform spitz zulaufenden, schlichten Pantoffeln sind in den verschiedensten Farben erhältlich. Immer mehr Läden verkaufen den Kundenwünschen entsprechend auch mit Seidenborten und feinen Mustern verzierte *babouches*.

Ledertaschen

7 **Schmuck**
Der einheimische Berberschmuck ist silbern, schwer und wenig filigran. Einige Juweliere in Marrakech bieten modernere Stücke. Joanna Bristows beeindruckende Arbeiten sind in einigen Hotelboutiquen, zum Beispiel im La Mamounia (siehe S. 34f), erhältlich.

9 **Lederwaren**
Marrakech ist für Lederwaren berühmt. In den Gerbereien (siehe S. 74) im Osten der Medina werden die Tierhäute in Handarbeit gegerbt, gefärbt und in Form gebracht. Das Sortiment in den Läden der Souks reicht von Geldbörsen über Handtaschen bis zu Bucheinbänden. Es lohnt sich, vor dem Kauf das Angebot genau zu erkunden.

10 **Arganöl**
Der fast schon mythischen Substanz werden alle erdenklichen Eigenschaften zugeschrieben (siehe S. 95). Der Zauber gründet zum Teil auf der Seltenheit der Arganbäume, die nur in Südwest-Marokko wachsen. Das in den Souks angebotene Öl ist meist von minderer Qualität. Hochwertiges Öl findet man bei seriösen Händlern.

Marokkanischer Schmuck

Herstellung von Arganöl

8 **Mode**
Marrakech inspirierte Yves Saint Laurent, Tom Ford und andere ausländische Designer, besitzt aber auch eine eigene Modeindustrie. Zu den führenden einheimischen Designern zählen Artsi Ifrach, Norya Ayron und Noureddine Amir. Schöne Stücke findet man im Souk Cherifia (siehe S. 16) und anderen Boutiquen in Mouassine (siehe S. 76) sowie in dem Laden 33 Rue Majorelle (siehe S. 82) in der Neustadt.

Koutoubia-Moschee

Das Minarett der Moschee dominiert die Silhouette der Stadt. Es war von jeher das erste Erkennungszeichen, das Reisende auf ihrem Weg nach Marrakech sahen. Die im 12. Jahrhundert kurz nach der Stadtgründung erbaute Moschee ist das bedeutendste religiöse Zentrum und eines der ältesten Gebäude Marrakechs. Der Baumeister, der das Minarett der Moschee entwarf, errichtete später auch den Hassan-Turm in Marokkos Hauptstadt Rabat und die Giralda, den Turm der heutigen Kathedrale von Sevilla. Wie in fast allen religiösen Stätten Marokkos haben nur Muslime Zutritt zur Koutoubia-Moschee.

4 Anlage
Die Moschee hat einen rechteckigen Grundriss. Der schlichte Haupteingang im Osten führt zum mit Hufeisenbogen und acht Nischen ausgestatteten Gebetssaal. Nördlich des Saals liegt ein 45 Meter breiter Hof mit Bäumen und einem Brunnen für rituelle Waschungen.

6 Minarett
Minarette dienen dem *muezzin* als hoch erhobene Plattformen. Weithin hörbar ruft er von dort aus fünfmal täglich zum Gebet. Im Minarett der Koutoubia-Moschee *(rechts)* führt keine Treppe, sondern eine Rampe in die Höhe. Sie ist so breit, dass man hinaufreiten könnte.

1 Koubba der Lalla Zohra
Das Mausoleum *(oben)* birgt die Gebeine der Sklaventochter Lalla Zohra, die der Legende zufolge jede Nacht zur Taube wurde.

2 »Moschee der Buchhändler«
Der Name »Moschee der Buchhändler« des 1158 erbauten Gotteshauses bezieht sich auf einen einst in der Nähe gelegenen kleinen Souk, auf dem religiöse Schriften feilgeboten wurden.

5 Dar el-Hajar
Zwei Schächte auf dem Hauptplatz bieten Blick auf die unter der Erde liegenden Relikte der Almoraviden-Festung Dar el-Hajar, die 1147 bei der Eroberung der Stadt durch die Almohaden zerstört wurde *(siehe S. 38)*.

3 Verzierung des Minaretts
Das Minarett war einst ganz mit Stuck und Kacheln verziert. Nun trägt es nur zwei türkisfarbene Fliesenbänder *(rechts)*.

7 Gebetszeiten
Der *muezzin* ruft die Gläubigen jeden Tag vor Morgengrauen, am Mittag, am Spätnachmittag, bei Sonnenuntergang und am späten Abend zum Gebet – die genauen Uhrzeiten variieren nach Jahreszeit. Im Wochenverlauf haben die Gebete am Freitagmittag die größte Bedeutung.

Koutoubia-Moschee « 21

⑧ Ruinen der Almohaden-Moschee

Direkt neben der Koutoubia-Moschee befinden sich Relikte einer älteren Moschee (um 1147). Die von marokkanischen Archäologen freigelegten Säulenbasen des Gebetssaals (unten) sind vor einem Zutritt durch Besucher durch Gitter geschützt.

⑨ Gärten

In der Gartenanlage südlich der Moschee (oben) gedeihen Palmen, Topiari-Hecken, Laubbäume und farbenprächtige Rosen.

Architektonischer Weitblick

Die Tatsache, dass das Minarett der Koutoubia-Moschee noch heute die Silhouette der Stadt dominiert, ist einem klugen Baugesetz der französischen Kolonialherren zu verdanken. Dieses legte fest, dass kein Haus in der Medina die Palmen überragen und kein Gebäude in der Neustadt höher als das Minarett sein durfte. Diese Vorschrift gilt bis heute. Den herrlichen Ausblick von der Spitze des Koutoubia-Minaretts können allerdings ausschließlich Muslime genießen.

---

⑩ Grab des Youssef ben Tachfine

Nördlich der Koutoubia-Moschee ist durch ein verschlossenes Tor eine von einer Mauer umgebene Anlage zu sehen, die das verfallene Mausoleum des Youssef ben Tachfine birgt. Das Oberhaupt der Almoraviden (1009–1106) gilt als Gründer Marrakechs.

Infobox

Karte H4 ■ Avenue Mohammed V, Medina

Moschee: nur zu Gebetszeiten geöffnet; kein Zutritt für Nicht-Muslime

Gärten: Eintritt frei; Zutritt auch für Nicht-Muslime

■ Nicht-Muslime dürfen die Moschee zwar nicht betreten, eine häufig geöffnete Tür an der Ostseite des Gebäudes gibt jedoch den Blick auf den beeindruckenden Gebetssaal mit den scheinbar endlosen Reihen von Hufeisenbogen frei.

■ Von der Koutoubia-Moschee fahren Shuttle-Busse zu dem von André Heller gestalteten Garten Anima im Ourika-Tal (www.anima-garden.com).

Stadtmauer & Tore

Um 1120 ließ der Almoraviden-Sultan Ali ben Youssef angesichts der militärischen Bedrohung durch die Almohaden um seine Garnisonsstadt eine Verteidigungsmauer errichten. Der bis zu neun Meter hohe, zehn Kilometer lange Festungswall wurde mit rund 200 Türmen und 20 Toren versehen. Die Stadtmauer zeigt weitgehend noch ihren ursprünglichen Zustand.

Infobox

Medina

Bab Debbagh: Zugang zum Dach nur mit Genehmigung (nicht immer für Besucher geöffnet)

Kaleschenfahrten: Place Foucault, nahe Jemaa el-Fna. Preise variieren – die Touren kosten bis zu 110 Dirham für 15 bis 20 Minuten.

- Da die Hitze einen Spaziergang um die Stadtmauer anstrengend macht, ist es besser, die Tore einzeln zu besichtigen oder mit einer Kalesche zu fahren.
- Auf Kaleschenfahrten sollte man Wasser dabeihaben – es kann heiß und staubig werden.

❷ Bab Berrima
Innerhalb der Medina errichtete Mauern und Tore dienten dazu, die Altstadt zu untergliedern. Eine Mauer trennte z. B. die königliche Kasbah vom Rest der Stadt ab. Das Bab Berrima war eines der Tore, die die beiden Bezirke verbanden. Es führt zu den in der Altstadt gelegenen Souks.

❸ Bab er-Robb
Das Wachhaus des südlichen Tors birgt heute einen Keramikladen. Fußgänger und Autos gelangen durch einen an anderer Stelle geschaffenen Mauerdurchbruch in die Stadt. Bab er-Robb bedeutet »Tor des Herrn«.

❶ Pisé
Die Mauern sind aus einer *pisé* genannten Mischung aus Lehm, Stroh und Kalk erbaut, die beim Trocknen hart wie Ziegel wird. Erdpigmente gaben dem Bauwerk die rötliche Färbung *(oben)*.

Vorhergehende Doppelseite Dekorative Wandgestaltung *(zellij)*, Dar-Si-Saïd-Museum

Stadtmauer & Tore « 25

⑥ Place des 7 Saints
Außerhalb der nördlichen Stadtmauern stehen sieben von Bäumen gekrönte Steintürme *(links)*. Das imposante Ensemble würdigt die sieben Heiligen von Marrakech *(siehe S. 75)*.

> **Die rote Stadt**
>
> Die für Marrakech typische Farbe geht auf das traditionelle Baumaterial *pisé* zurück, dem rote Pigmente enthaltende Erde aus der Region beigemischt ist. Als dieser Stampflehm im 20. Jahrhundert von modernen Materialien wie Beton abgelöst wurde, ordneten die französischen Kolonialherren an, alle neuen Gebäude rosa zu streichen. Diese Regelung ist bis heute in Kraft und sorgt für ein hübsches Stadtbild.

⑧ Bab Agnaou
Das imposante »Tor der Gnawa« *(links)* ist als einziges aus Stein erbaut. Es stammt aus der Herrschaftszeit des Almohaden-Sultans Yacoub el-Mansour im 12. Jahrhundert.

⑨ Bab Debbagh
Wenn das Tor, das zu den Gerbereien führt, für Besucher geöffnet ist, kann man nach dem Erklimmen der Treppe vom Dach aus den Blick über die Stadt genießen.

④ Bab Doukkala
Das von den Almoraviden im 12. Jahrhundert gebaute massive Tor steht aufgrund städtebaulicher Maßnahmen des 20. Jahrhunderts isoliert. Die überwölbten Innenräume werden gelegentlich für Veranstaltungen genutzt.

⑦ Bab el-Khemis
Das nördlichste Tor weist mit einem Bogen aus stalaktitenförmigen Stuckarbeiten die kunstvollste Verzierung auf. Donnerstags findet an dem Tor von 8 Uhr bis mittags ein Flohmarkt statt.

⑩ Dar el-Haoura
Die frei stehende Festung westlich der Agdal-Gärten war eine Garnison für die Kavallerie. Die Pferderampe ist noch intakt.

⑤ Kaleschenfahrten
Am besten kann man die Stadtmauer auf preiswerten Rundfahrten mit Kaleschen *(rechts)* besichtigen *(siehe S. 12)*.

Saadier-Gräber

Zu der abgeschiedenen Begräbnisstätte einer Dynastie, der die amerikanische Romanautorin Edith Wharton »barbarische Sitten« und »sinnliche Raffinesse« bescheinigte, gehören 66 Königsgräber aus dem späten 16. und frühen 17. Jahrhundert. Sie wurden in den 1920er Jahren von einem französischen Beamten entdeckt. Die Anlage ist relativ klein, beeindruckt aber durch die herrliche Ausschmückung im Stil der Alhambra mit Zedernschnitzereien, Stuckarbeiten und vielfarbigen Kacheln. Die drei Hauptkammern liegen rund um einen kleinen Garten.

1 Raum der zwölf Säulen
Die Kammer (unten) birgt die Gräber von Sultan Ahmed el-Mansour und dessen Familie. Sie ist mit Zedernholzschnitzereien und Stuckornamenten verziert. Die Grabmäler sind aus italienischem Carrara-Marmor gefertigt.

2 Markt
Auf einem kleinen Platz im Süden der Anlage, an dem mehrere Seitenstraßen zusammenlaufen, findet jeden Morgen (außer freitags) ein Obst- und Gemüsemarkt statt.

3 Gebetsraum
Die Gräber in der als Gebetsstätte erbauten Kammer datieren größtenteils nicht aus der Zeit der Saadier, sondern aus der Epoche der Alawiten-Dynastie.

4 Rue de la Kasbah
Am Ausgang der Gräberstätte zweigt links die Hauptstraße durch das historische Kasbah-Viertel ab. Sie führt geradeaus in Richtung Grand Méchouar.

5 Kasbah-Moschee
Die 1190 erbaute Moschee ist rund 400 Jahre älter als die Saadier-Gräber. Sie wurde im Lauf der Zeit mehrmals umgestaltet, die Verzierung des Minaretts (unten) mit auf grünen Kacheln aufgemauerten Ziegeln stammt noch von dem Originalgebäude.

Saadier-Gräber « 27

⑥ Etablissement Bouchaib

Das Ets. Bouchaib, einer von zwei großen staatlichen Läden für marokkanisches Kunsthandwerk, bietet Teppiche, Kaftane, Schmuck und Töpferwaren zu Festpreisen – ideal für Besucher, die nicht auf den Souks feilschen möchten. Die Ware ist oft teuer, aber von guter Qualität.

⑧ Eingang

Die über einen sehr schmalen Korridor *(oben)* erreichbaren Gräber waren jahrhundertelang ein wohlgehütetes Geheimnis. Noch heute fühlt man sich bei einer Besichtigung wie ein Entdecker.

⑨ Saadier-Dynastie (1549–1668)

Die Saadier unternahmen von ihrem Machtzentrum in Taroudant südlich des Atlasgebirges aus Eroberungszüge und besiegten die in Fès regierenden Meriniden. Während ihrer kurzen Herrschaft schufen sie in Marrakech, dem neuen Zentrum ihres Reichs, prächtige Monumente. Den Saadiern folgten die Alawiten als Herrscher.

Islamische Bestattungen

Im Islam beginnt eine Bestattung spätestens 24 Stunden nach Eintritt des Todes. Der Verstorbene wird in Leichentücher gewickelt und mit dem Kopf in Richtung Mekka auf der rechten Seite liegend in der Erde bestattet. Die Gräber sind erhöht, damit niemand auf ihnen stehen oder sitzen kann. Feuerbestattungen sind im Islam verboten.

⑩ Garten

In dem friedlichen Garten *(unten)* markieren zahllose Grabsteine unter Büschen und Sträuchern die letzten Ruhestätten von Kindern, Wachen und Dienern. Auf der Grünanlage halten sich sehr viele streunende Katzen auf.

⑦ Kleines Mausoleum

Das Mausoleum *(oben)* in der Mitte des Gartens zeigt eine herrliche Architektur. Das grün gefliestem überdachte Gebäude andalusischen Stils zieren drei Portale mit Holzschnitzereien und ein Stuckfries mit achtzackigen Sternen. Zu den mit Mosaiken verzierten Gräbern zählt das von Mohammed ech-Cheikh, dem ersten Sultan der Saadier.

Infobox

Karte J6

Saadier-Gräber: Rue de la Kasbah, Medina ■ tägl. 9–12 Uhr & 14.30–18 Uhr ■ Eintritt: 10 Dirham

Etablissement Bouchaib: Rue de la Kasbah 7 ■ 0524 38 18 53 ■ tägl. 9.30–20 Uhr (Winter: tägl. 8.30–19 Uhr) ■ www.complexeartisanal.com

■ Die kleine Anlage ist schon mit einer einzigen Tourgruppe überfüllt. Frühmorgens und am späten Nachmittag kann man dem Gedränge am besten entgehen.

■ Das Restaurant auf der Dachterrasse des Hotels La Sultana *(siehe S. 112)* steht mittags und abends auch Nicht-Hotelgästen offen.

Medersa ben Youssef

Die Medersa ben Youssef ist zwar nicht das bedeutendste oder älteste Monument Marrakechs, stellt aber ein äußerst beeindruckendes, auch Nicht-Muslimen zugängliches Bauwerk dar. Die im 14. Jahrhundert errichtete Anlage wurde um 1565 von dem Sultan der Saadier Abdallah al-Ghalib restauriert und vergrößert. Die kunstvollen Verzierungen sind typisch für das Goldene Zeitalter der marokkanischen Architektur.

Haupthof ❶
Der an zwei Seiten von Bogenreihen gesäumte Hof *(rechts)* mit einem Gebetssaal und einem quadratischen Brunnen in der Mitte ist Zentrum der Anlage. Alle Oberflächen sind verziert.

❷ Dar Bellarj
Das nördlich des Eingangs gelegene Gebäude – der Name bedeutet »Haus der Störche« – war ursprünglich eine Storchenklinik. Es beherbergt heute ein Kulturzentrum, das interessante Wechselausstellungen präsentiert.

Chrob-ou-Chouf-Brunnen ❹
Der Brunnen (der Name bedeutet »trinke und sehe«) nördlich der Medersa ist sehenswert. Der mit Kalligrafien verzierte Sturz aus Zedernholz ist ein Relikt aus der Zeit, in der die Stiftung einer öffentlichen Trinkwasserquelle als fromme Tat galt.

❸ Schülerzimmer
Um den zentralen Innenhof liegen auf zwei Etagen 130 kleine Zimmer *(oben)*, die Mönchszellen gleichen. Die Schule beherbergte bis zu ihrer Schließung ca. 900 muslimische Studenten.

Infobox
Karte K2

- Place ben Youssef, Medina
- tägl. 9–17 Uhr
- Eintritt: 20 Dirham

- Auch das nahe gelegene Musée de Marrakech lohnt den Besuch: Place ben Youssef, Medina ▪ 0524 44 18 93 ▪ tägl. 9–18 Uhr (Feiertage geschl.) ▪ Eintritt: 30 Dirham ▪ www.musee demarrakech.ma

- Das Musée de Marrakech verfügt über einen reizenden Innenhof, der für Ausstellungen im Freien genutzt wird.

Medersa ben Youssef « 29

6 Stuckarbeiten
Die über den Kacheln verlaufenden Bänder mit Stuckornamenten *(links)* zeigen fein gearbeitete Inschriften und geometrische Muster. Menschen- und Tierabbildungen sind im Islam verboten.

Ben-Youssef-Moschee
Die Medersa gehörte einst zum Komplex der nahe gelegenen Almoraviden-Moschee, die der Sultan Ali ben Youssef während seiner Regentschaft (1106–1142) gründete. Die Moschee war jahrhundertelang die wichtigste Gebetsstätte in der Medina und stellte zusammen mit der Medersa ben Youssef ein bedeutendes Zentrum des Islam in Marokko dar.

8 Kacheln
Den unteren Teil der Hofmauern zieren *zellij* – zum Motiv eines achtzackigen Sterns verputzte emaillierte Kacheln *(unten)*. Das Band darüber zeigt Koransuren in stilisierter Schrift und florale Muster.

5 Gebetssaal
Das achteckige hölzerne Kuppeldach des prächtigen Saals ruht auf Marmorsäulen *(unten)*. Stuckarbeiten zeigen seltene Palmenmotive und Kalligrafien von Koransuren. Durch die Gipsfenster fällt Licht in den Raum.

7 Funktion der Medersa
Die Medersa war eine Schule für islamische Wissenschaften. Die Schüler wohnten auf der Anlage, studierten den Koran und diskutierten ihn mit den Faqīh oder Imam genannten Lehrern.

9 Rue Souk el-Fassis
Die östlich der Medersa verlaufende Gasse säumen restaurierte *fondouks*. Eine der einstigen Herbergen birgt das Restaurant Le Foundouk.

10 Reinigungsbrunnen
Ein langer Gang führt zum Vestibül mit einem Marmorbecken, das im andalusischen Stil gehaltene, florale Motive zieren.

Palais el-Badi

Der Sage nach benötigten Heerscharen von Arbeitern für den Bau des Komplexes, der zu den prächtigsten aller weltweit je errichteten Paläste gezählt haben soll, 25 Jahre. Wände und Decken waren mit Blattgold überzogen, zwischen vier Senkgärten lag ein Wasserbecken mit einer Insel. Ein Sultan zerstörte den 1603 vollendeten Palast ein Jahrhundert später auf seinem Eroberungszug. Es dauerte zwölf Jahre, bis alle Preziosen in die neue Hauptstadt Meknès gebracht waren.

1 Minbar der Moschee
Ein Anbau im Südosten des Palais birgt die im 12. Jahrhundert gefertigte *minbar* (Kanzel) aus der Koutoubia-Moschee – ein herrliches Kunstwerk des maurischen Spanien.

4 Dachterrasse
An der Nordostecke der Anlage steht der einzige intakte Turm. Eine Treppe führt zum Dach, von dem aus sich die riesigen Ausmaße des Palasts überblicken lassen *(oben)*.

2 Störche
Die Vorsprünge in den bröckelnden Mauern sind beliebte Nistplätze von Störchen *(oben)*. Dem Glauben der Berber nach sind die Vögel verwandelte Menschen.

5 Wasserbecken & Gärten
Der zentrale Hof birgt sechs Wasserbecken und vier Senkgärten mit Orangenbäumen *(unten)*. Die Insel im zentralen Becken dient jährlich im Juli dem Festival National des Arts Populaires und im November dem Festival International du Film de Marrakech *(siehe S. 40)* als Veranstaltungsort.

3 Khaysuran-Pavillon
Der Pavillon im Süden des großen Hofs diente einst als Harem. Heute stellen in dem Gebäude einheimische und in Marrakech ansässige ausländische Künstler aus.

Palais el-Badi « 31

⑥ Sultan Ahmed el-Mansour

El-Mansour erlangte nach dem Sieg gegen die Portugiesen in der Schlacht von Alcácer-Quibir (1578) die Herrschaft. Den Reichtum, den er durch Lösegelder für portugiesische Gefangene erwarb, investierte er in den Bau des Palasts.

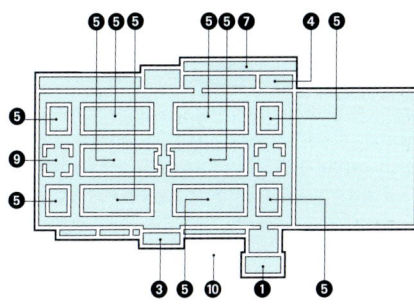

⑦ Torhaus

Einst lag zwischen den Mauern ein Torhaus. Eine Inschrift rühmte die Pracht der Anlage. Heute ist das Tor verfallen – eine Lücke in der bröckelnden Mauer bildet den Eingang zum Palast.

⑧ Schlechtes Omen

Bei einem Bankett zur Feier anlässlich der Fertigstellung des Palastes sagte ein Gast: »Zerstört wird er eine schöne Ruine abgeben.« Das Omen bewahrheitete sich.

Schlacht von Alcácer-Quibir

Zusammen mit dem portugiesischen König Sebastião erklärte der Saadier Abu Abdallah Mohammed II. seinem Onkel Abd el-Malek den Krieg, um dessen Thron zu erlangen. Die drei Herrscher starben in der »Schlacht der drei Könige« zwischen Tanger und Fès. Maleks Nachfolger Ahmed el-Mansour ließ das Palais el-Badi bauen.

⑨ Koubba el-Khamsiniya

Die Ruinen rings um den Hof waren wohl Sommerhäuser (links). Die Koubba el-Khamsiniya im Westen wird nach der Anzahl der beim Bau verwendeten Pfeiler »Pavillon der 50 Säulen« genannt.

⑩ Unterirdische Gänge

Vom Anbau führt ein Weg (unten) zu den ehemaligen Ställen und Verliesen. Die Kammern stehen Besuchern offen, sind aber nur zum Teil von Licht erhellt.

Infobox

Karte K5 ■ Place des Ferblantiers, Medina

■ tägl. 9–17 Uhr

■ Eintritt: 10 Dirham; weitere 10 Dirham für den Koutoubia-Minbar-Pavillon

■ Da es auf der riesigen Anlage kaum Schatten gibt, sollte man die Nachmittagshitze meiden und Wasserflaschen mitnehmen.

■ Im Sommer findet auf der Anlage das Comedy-Festival Marrakech du Rire statt.

■ Die Dachterrasse der Kosybar (siehe S. 71) bietet herrlichen Blick auf die Palastmauern.

Jardin Majorelle

Die berühmteste Grünanlage Marrakechs *(siehe S. 50)* geht auf den französischen Maler Jacques Majorelle zurück, der sich selbst als »Gartenkünstler« bezeichnete. Auf einem Grundstück, das er 1923 erwarb, legte er rund um sein Atelier einen Garten an. 1947 öffnete er ihn für Besucher. Nach Majorelles Tod 1962 verfiel die Anlage. 1980 wurde sie von dem französischen Designer Yves Saint Laurent und dessen Lebensgefährten Pierre Bergé instand gesetzt.

1 Bassins & Brunnen
Im Garten stehen ein Brunnen *(oben)* und zwei große Bassins. Das kleinere Becken wird durch einen Kanal gespeist. Ein drittes Bassin nahe dem Museum beherbergt Goldkarpfen.

2 Boutique
Die kleine Boutique an der Nordostecke der Anlage bietet eine interessante Auswahl an einheimischen Kunsthandwerksprodukten, darunter Schmuck, Kleidung und Lederwaren wie Taschen, Sandalen und schön gebundene Notizbücher. Über Majorelle und den Garten ist wenig Informationsmaterial erhältlich.

3 Majorelle-Blau
Majorelle hat sich mit seinem strahlenden Kobaltblau verewigt. Der als Majorelle-Blau bekannte Farbton wurde im Garten häufig eingesetzt *(oben)*.

4 Majorelles Malereien
Der erste Raum des Museums zeigt Lithografien von Kasbahs im Atlasgebirge. Zu Majorelles bekanntesten Arbeiten gehören die Plakate, die er für den marokkanischen Tourismusverband schuf.

5 Denkmal für Yves Saint Laurent
Zum Gedenken an den 2008 verstorbenen Designer wurde eine römische Säule aus dessen Wohnhaus in Tanger aufgestellt *(links)*. Die Asche Saint Laurents wurde im Garten verstreut.

Jardin Majorelle « 33

Yves Saint Laurent
Der französische Modeschöpfer besuchte Marrakech erstmals 1962, Ende der 1960er Jahre kaufte er in der Stadt sein erstes Haus. Später bezog er eine Villa nahe dem Jardin Majorelle. Er erwarb den Garten, der einem Mietshaus weichen sollte, und verlieh ihm neue Pracht. Nach Laurents Tod wurde im Garten ein Denkmal aufgestellt. Im Oktober 2017 – wenige Wochen nach dem Tod von Pierre Bergé – wurde in Marrakech das Musée Yves Saint Laurent eröffnet.

⑦ Musée Berbér
Das Atelier von Jacques Majorelle birgt heute ein den Berbern gewidmetes Museum. Über 600 Exponate erläutern Tradition und Kultur dieser unter anderem in Marokko beheimateten Ethnie *(oben)*.

⑧ Galerie Love
Die Galerie zeigt einige der Collagen mit der Aufschrift »LOVE«, die Yves Saint Laurent als Neujahrsgrüße an Freunde und Kunden verschickte.

⑥ Jacques Majorelle
Der französische Künstler Jacques Majorelle (1886–1962) kam 1917 zur Erholung von einem Herzleiden nach Marokko. Die Motive, die Südmarokko für die Malerei bot, begeisterten ihn.

⑨ Musée Yves Saint Laurent
Das neben dem Jardin Majorelle gelegene Museum präsentiert einige der bekanntesten Kreationen des Modeschöpfers. Zum Haus gehören ein Kunstzentrum und ein Vortragssaal.

⑩ Pflanzen
Eines der Areale birgt einen »Bambuswald« und einen ariden Garten mit Kakteen aus aller Welt *(oben)*. Das rot und lila leuchtende Blütenmeer der Bougainvilleen ist besonders beeindruckend.

Infobox
Karte C4

Jardin Majorelle & Musée Berbér: Rue Yves Saint Laurent, Guéliz ▪ 0524 31 30 47 ▪ www.jardinmajorelle.com ▪ Mai–Sep: tägl. 8–18 Uhr; Okt–Apr: tägl. 8–17.30 Uhr; Ramadan: tägl. 9–17 Uhr ▪ Eintritt: 70 Dirham; Musée Berbér: 30 Dirham

Musée Yves Saint Laurant: Rue Yves Saint Laurent, Guéliz ▪ 0524 29 86 86 ▪ www.museeyslmarrakech.com ▪ Do–Di 10–18 Uhr ▪ Eintritt: 100 Dirham

▪ Die kleine Anlage kann schon beim Besuch einer einzigen Reisegruppe überfüllt sein. Wer den Garten am frühen Morgen oder am späten Nachmittag besucht, kann den Trubel und die langen Warteschlangen umgehen.

La Mamounia

Winston Churchill war einer der prominentesten Besucher des weltbekannten Grandhotels, das seit seiner Eröffnung 1923 wohlhabende Gäste anlockt. Das im 19. Jahrhundert als Palast für den Kronprinzen Marokkos errichtete Gebäude wurde von den Franzosen in ein Hotel der marokkanischen Eisenbahngesellschaft umgewandelt. Es steht in einer sieben Hektar großen, von der Stadtmauer begrenzten Parkanlage.

1 Zimmer
Viele Zimmer wurden mit Holz und Leder in warmen, typisch marokkanischen Farbtönen ausgestattet und haben luxuriöses Flair.

Infobox

Karte H5 ▪ Avenue Bab Jdid, Medina ▪ 0524 38 86 00 ▪ www.mamounia.com

▪ **Gärten:** tägl. 24 Std.; Zutritt auch für Nicht-Hotelgäste

▪ Für einen Besuch des La Mamounia empfiehlt sich elegante Kleidung – in Flip-Flops, Shorts und T-Shirt wird man in der Regel nur eingelassen, wenn man Hotelgast ist.

▪ Das Hotel verfügt über mehrere Bars und Restaurants. Besonders bezaubernd ist aber das im Winter sonntagmittags am Swimmingpool servierte Büfett.

Haupteingang des La Mamounia

2 Churchills Gemälde
Churchill begeisterte das außergewöhnliche Licht in Marrakech. Einige seiner Bilder, die er stets nachmittags malte, hängen bis heute im Hotel.

3 Gästebuch
Im *livre d'or* des Hotels haben sich außergewöhnlich viele Prominente wie Sean Connery, Bill Clinton, Kate Winslet, Will Smith und Catherine Deneuve eingetragen.

4 *Der Mann, der zu viel wusste*
Teile von Alfred Hitchcocks Thriller von 1956 *(links)* mit James Stewart und Doris Day spielen in Marrakech. Einige Szenen wurden in dem luxuriösen Hotel La Mamounia gedreht.

La Mamounia « 35

Suiten
Die berühmteste der prächtigen Suiten ist nach Winston Churchill benannt *(rechts)*. Die Einrichtung erinnert an die Zeit, in der der Politiker im Hotel zu Gast war. Churchills Pfeife zählt zu den Memorabilien.

Winston Churchill
»Ein wundervoller Ort, und das Hotel zählt zu den besten, die ich je sah«, schrieb Churchill über das von ihm geliebte Marrakech und das La Mamounia an seine Frau Clementine. Im Zweiten Weltkrieg traf sich Churchill mit Franklin Roosevelt im La Mamounia *(siehe S. 43)*.

Le Churchill
Die nach dem berühmtesten Gast des Hotels benannte Bar wurde bei der jüngst durchgeführten Renovierung im Originalzustand belassen. Gäste in Shorts und T-Shirts erhalten keinen Zutritt. Zigarrenrauchen ist in der Bar erlaubt.

Architekten
Die Architekten, die das Gebäude entwarfen, verbanden Art déco mit traditionellen marokkanischen Elementen. 1986 fügten die Baukünstler, die Marokkos Königspaläste schufen, bei einer Renovierung neue Facetten hinzu.

Gärten
Der Park im formalen europäischen Stil ist älter als das Hotel – er wurde für den Kronprinzen angelegt. Zwischen Teichen und Blumenbeeten führen hübsche Wege zum zentralen Pavillon *(rechts)*.

Majorelle-Decke
1946 traf Winston Churchill bei einem seiner Aufenthalte im La Mamounia den Maler Jacques Majorelle. Der Staatsmann überredete das Management des Hotels, Majorelle mit einer Wandmalerei zu beauftragen. Das Werk ziert die Decke der erweiterten Lobby *(links)*. Heute ist der französische Künstler vor allem für den Jardin Majorelle *(siehe S. 32f)*, sein gestalterisches Meisterwerk, bekannt.

Themen

Innenhof des Riad Kniza

Historische Ereignisse	**38**	Unbekanntes Marrakech	**52**
Kunst & Kultur	**40**	Kinder	**54**
Berühmte Besucher	**42**	Bars & Clubs	**56**
Architektur	**44**	Spezialitäten	**58**
Hammams & Spas	**46**	Restaurants	**60**
Riads	**48**	Tagesausflüge	**62**
Parks & Gärten	**50**		

🔟 Historische Ereignisse

1 Gründung Marrakechs
Die Almoraviden, die mächtigste Dynastie der Berber, gründen 1062 den Militärstützpunkt Marra Kouch. Er gibt ihnen Kontrolle über die Handelswege durch die Sahara.

Koutoubia-Moschee

2 Eroberung durch die Almohaden
1147 erobern die Almohaden Marrakech. Die Koutoubia-Moschee und andere von den Almohaden geschaffene imposante Bauwerke prägen die Stadt bis heute.

Sultan Moulay el-Hassan

3 Niedergang unter den Meriniden
1269 erobern die aus Ostmarokko einfallenden Meriniden Marrakech von den an Einfluss verlierenden Almohaden. Unter den Meriniden sinkt die Bedeutung der Stadt zum Provinzposten herab. Hauptstadt des Reichs wird das nördlichere Fès.

4 Rückkehr der Saadier nach Marrakech
Marrakech erlebt nach dem Sieg der Saadier über die Meriniden 1549 eine neue Blütezeit. Die älteste arabische Dynastie dehnt ihre Herrschaft über die Westsahara und bis Mali und Mauretanien aus.

5 Moulay Ismaïl
Ab 1668 herrschen die Alawiten. Den zweiten Sultan, Moulay Ismaïl, prägen Grausamkeit ebenso wie politisches Geschick. Er regiert 55 Jahre lang. Die Alawiten sind bis heute Marokkos Königsdynastie.

6 Sultan Moulay el-Hassan
Der Sultan legalisiert in seiner Regentschaft (1873–1894) den Anbau von Cannabis. Die Rif-Region zählt bis heute zu den weltweit größten Anbaugebieten, obwohl zahlreiche Maßnahmen ergriffen wurden, um dies zu ändern.

Historische Ereignisse » 39

7 Französische Herrschaft

Lynchmorde an Europäern in Casablanca dienen 1911 Frankreich als Vorwand für eine territoriale Expansion. 1912 wird Marokko im Vertrag von Fès zum französischen Protektorat erklärt. In dieser Zeit entsteht eine *ville nouvelle* (neue Stadt) am Rand von Marrakechs Medina.

8 »Löwe des Atlas«

Der von den Franzosen als Pascha von Marrakech eingesetzte Thami el-Glaoui herrscht von 1918 bis 1955 über Südmarokko. Der als grausam bekannte »Löwe des Atlas« regiert mit eiserner Hand.

Thami el-Glaoui

9 Krönung des Königs

1955 kehrt Sultan Mohammed V. aus dem Exil zurück und wird zum König gekrönt. 1956 erlangt Marokko die Unabhängigkeit. Der heutige Monarch ist der Enkel Mohammeds V.

10 Weltweites Interesse

Neue Popularität erlangt die Stadt in den 1990er Jahren angeblich durch die Aussage eines französischen TV-Senders, ein Palast in Marrakech koste so viel wie eine Wohnung in Paris. Fünf-Sterne-Hotels und Billigfluglinien locken Besucher in die Stadt.

Marrakech in der Literatur

Peter Mayne

1 *Ein Jahr in Marrakesch* (1953)
Peter Maynes Chronik beschreibt die seit dem Mittelalter wenig veränderte Stadt.

2 *Cinnamon City* (2005)
Die britische Autorin Miranda Innes berichtet von Kauf und Restauration eines verfallenen Riad in Marrakech.

3 *The Last Storytellers: Tales from the Heart of Morocco* (2011)
Der britische Journalist Richard Hamilton brachte die mündlichen Vorträge der Geschichtenerzähler auf dem Jemaa el-Fna zu Papier.

4 *In Morocco* (1920)
Ein Aufenthalt in Marokko und Marrakech 1917 inspirierte die Schriftstellerin Edith Wharton zu diesem Reisebuch.

5 *Morocco That Was* (1921)
Times-Korrespondent Walter Harris schrieb den unterhaltsamen Bericht mit Marokkos Königsfamilie im Zentrum.

6 *Willkommen im Paradies* (2003)
Mahi Binebines Roman erzählt die Geschichte von Marokkanern, die in einem Café am Jemaa el-Fna den Plan zu einer illegalen Flucht nach Europa schmieden.

7 *Lords of the Atlas* (1966)
Gavin Maxwell thematisierte die Ära Thami el-Glaouis.

8 *Marrakesch* (1998)
Esther Freuds Buch beschreibt eine Kindheit im Marrakech der 1970er Jahre.

9 *The Tangier Diaries* (1997)
John Hopkins schildert Tanger in den 1950er Jahren und Drogenausflüge nach Marrakech.

10 *The Red City* (2003)
Der Sammelband enthält Literatur über Marrakech von Autoren wie George Orwell und Edith Wharton.

Kunst & Kultur

David Bloch Gallery

1. David Bloch Gallery
Karte B5 ■ 8 bis rue des Vieux Marrakchis, Guéliz ■ 0524 45 75 95 ■ Mo 15.30–19.30 Uhr, Di–Sa 10.30–13.30 Uhr & 15.30–19.30 Uhr ■ www.davidblochgallery.com

Die Galerie präsentiert zeitgenössische marokkanische Kunst, darunter Werke von Graffiti-Künstlern.

2. Musée de Mouassine
Karte J2 ■ 4–5 derb el-Hammam, Mouassine ■ 0524 38 57 21 ■ Sa–Do 10–18 Uhr ■ Eintritt ■ www.museedemouassine.com

Das Wohnhaus eines Mitglieds der Saadier-Dynastie aus dem 16. Jahrhundert wurde sorgfältig restauriert. Die Räume zeigen wieder den Originalzustand. Von dem kleinen Café auf der Dachterrasse eröffnet sich ein herrlicher Ausblick (siehe S. 74).

3. Musée d'Art et de Culture de Marrakech
Karte C5 ■ 61 rue Yougoslavie, Guéliz ■ 0524 44 73 79 ■ Mo–Sa 10–19 Uhr ■ Eintritt ■ www.museemacma.com

Das MACMA präsentiert Werke von Raoul Dufy, Jacques Majorelle, Eugène Delacroix und anderen ausländischen Künstlern, denen Marrakech Inspiration bot. Wechselausstellungen widmen sich einheimischen Künstlern.

4. Galerie 127
Karte B5 ■ 127 ave Mohammed V, Guéliz ■ 0524 43 26 67 ■ Di–Sa 15–19 Uhr ■ www.galerie127.com

Die erste Galerie für Fotografie in Nordafrika zeigt Werke namhafter Künstler.

5. Festival International du Film de Marrakech
www.festivalmarrakech.info

Das von König Mohammed VI. gesponserte Festival wird seit 2001 jedes Jahr im November/Dezember veranstaltet. Martin Scorsese und Sean Connery zählten bereits zu den Gästen.

6. Dar Cherifa
Das in einem Gebäude aus dem 16. Jahrhundert ansässige Kulturzentrum veranstaltet regelmäßig Ausstellungen, bei Vernissagen spielen oft Gnawa-Musiker (siehe S. 15). In der kleinen Bibliothek kann man bei Tee oder Kaffee in Kunst- und Kulturbänden schmökern (siehe S. 72).

Marrakech Biennale

7. Marrakech Biennale
www.marrakechbiennale.org

Das alle zwei Jahre stattfindende Festival widmet sich Literatur, Film und moderner Kunst. Für die Veranstaltungen werden verschiedene Orte in der Stadt genutzt.

Maison de la Photographie

⑧ Maison de la Photographie

Karte K2 ■ 46 rue Souk Ahal Fassi, Medina ■ 0524 38 57 21 ■ tägl. 9.30–19 Uhr ■ Eintritt ■ www.maisondelaphotographie.ma

Das in einem historischen Gebäude nahe der Medersa ben Youssef untergebrachte kleine Museum zeigt Fotografien, die von Reisenden bei ihren Besuchen in Marokko angefertigt wurden. Die Aufnahmen reichen vom 19. Jahrhundert bis in die 1960er Jahre hinein. In dem Café auf der Dachterrasse kann man bei Minztee die herrliche Aussicht genießen.

⑨ Galerie Rê

Karte C5 ■ Résidence el-Andalous III, Ecke Rue de la Mosquée & Rue Ibn Toumert, Guéliz ■ 0524 43 22 58 ■ Mo – Sa 10 –13 Uhr & 15 – 20 Uhr ■ www.galeriere.com

Die am Nordende der Neustadt gelegene Galerie für zeitgenössische Kunst zeigt Wechselausstellungen.

⑩ Festival National des Arts Populaires

Das im Juni / Juli veranstaltete Festival für Berbermusik wurde 1960 von König Mohammed V. ins Leben gerufen. Es treten Gruppen aus ganz Marokko auf. Die *fantasia* der Berberreiter vor den Festungsmauern nahe dem Bab el-Jdid ist spektakulär.

Kunst & Kultur « 41

Personen des kulturellen Lebens

1 Tahar ben Jelloun
Der Roman *La Nuit Sacrée* des frankofonen Schriftstellers, Marokkos bekanntester Autor, wurde 1987 mit dem Prix Goncourt ausgezeichnet.

2 Mahi Binebine
Der in Marrakech geborene Maler und Schriftsteller brillierte mit dem Roman *Cannibales*.

3 Hassan Haggag
Der Grafikkünstler schuf die T-Shirts für das Personal in Londons berühmtem marokkanischem Restaurant Momo.

4 Laïla Marrakchi
Der Debütfilm *Marock* der Filmemacherin aus Casablanca löste 2006 einen Skandal aus.

5 Farid Belkahia
Der in Marokko einflussreiche Künstler malte oft auf Lammhaut. Er starb 2014.

6 Jamel Debbouze
Der durch Rollen in *Die fabelhafte Welt der Amélie* und *Tage des Ruhms* bekannt gewordene Schauspieler ist Organisator des Comedy-Festivals Marrakech du Rire.

7 Elie Mouyal
Der Stararchitekt wird häufig von Prominenten beauftragt.

8 Master Musicians of Jajouka
Die Rolling Stones verhalfen der Musikgruppe aus einem nordmarokkanischen Dorf zu internationalem Ruhm.

9 Leila Abouzeid
Sie ist die erste Autorin Marokkos, deren Werk ins Englische übersetzt wurde.

10 Hassan Hakmoun
Der in New York lebende marokkanische Trance-Spezialist trat als Kind auf dem Jemaa el-Fna auf.

Hassan Hakmoun

TOP 10 Berühmte Besucher

Yves Saint Laurent

1 Yves Saint Laurent
Bei seinem ersten Besuch in Marrakech 1962 fühlte sich der französische Couturier an seine Kindheit im algerischen Oran erinnert. Wenige Jahre später erwarb er ein Haus in der Stadt, die ihn inspirierte: Die Farben und Muster Südmarokkos fanden Eingang in seine Kollektionen. Saint Laurent verbrachte einen Teil jedes Jahres in einer Villa neben dem Jardin Majorelle *(siehe S. 32f)*.

2 George Orwell
Der an Tuberkulose leidende Autor von *Farm der Tiere* und *1984* suchte 1939 auf ärztlichen Rat hin in Marrakech Erholung. Dort schrieb er den Roman *Auftauchen, um Luft zu holen* und den Essay *Marrakech*.

George Orwell

3 The Rolling Stones
Gitarrist Brian Jones besuchte Marrakech 1966, bald folgte die ganze Band. Bei einer zufälligen Begegnung mit Cecil Beaton im Hotel es-Saadi in Hivernage fotografierte dieser Mick Jagger und Keith Richards am Pool.

4 Poppy Delevingne
Die bei Modedesignern beliebte Stadt wird natürlich auch von Models gern besucht. 1993 entstand in Marrakech eine Fotoserie mit Kate Moss. Auf einer 2014 von Poppy Delevingne veranstalteten Hochzeitsfeier waren u.a. Alexa Chung, Sienna Miller und Georgia May Jagger zu Gast. Marrakech gilt generell vielen Prominenten als Partystadt.

John Paul Getty Jr. und seine Frau

5 John Paul Getty Jr.
In den 1960er Jahren besaßen der US-Erdölerbe John Paul Getty Jr. und seine Frau Talitha ein Haus in Marrakechs Medina. Ein Foto von Patrick Lichfield zeigt die beiden in Kaftanen auf ihrer Dachterrasse, das Atlasgebirge im Hintergrund.

6 Paul Bowles
Der Autor von *Himmel über der Wüste* kam mehrmals nach Marrakech. Ein 1961 von dem Dichter Allen Ginsberg aufgenommenes Foto zeigt Bowles auf der Dachterrasse des Le Grand Balcon du Café Glacier.

Berühmte Besucher « **43**

⑦ David Beckham

Im Mai 2015 feierte David Beckham in dem am Rand von Marrakech gelegenen Luxusresort Amanjena seinen 40. Geburtstag. Zu den zahlreichen prominenten Gästen zählten Tom Cruise, Eva Longoria, Gordon Ramsay und die Spice Girls.

Charles de Gaulle (zweiter von rechts)

⑧ Charles de Gaulle

Im Januar 1943 reiste der französische General nach der Casablanca-Konferenz, einem Geheimtreffen der Anti-Hitler-Koalition, nach Marrakech. Wegen seiner Körpergröße von 1,95 Metern musste man im La Mamounia ein spezielles Bett bereitstellen.

⑨ Led Zeppelin

Der Sänger Robert Plant und der Gitarrist der Band, Jimmy Page, besuchten Marrakech erstmals 1975. 20 Jahre später filmten sie Szenen vom Jemaa el-Fna, die bei der Veröffentlichung ihres Albums *No Quarter* gezeigt wurden.

⑩ Winston Churchill

Der britische Premierminister besuchte zwischen 1935 und 1959 Marrakech insgesamt sechsmal. Es heißt, er pries den Ort mit den Worten: »In den riesigen Palmenhainen inmitten der Wüste ist sich der Reisende ewigen Sonnenscheins gewiss.« Churchill logierte in dem Luxushotel La Mamounia *(siehe S. 34)*, malte und schrieb an seinen Memoiren.

Marokko im Film

1 *Othello* **(1951)**
Orson Welles schuf sein Meisterwerk größtenteils in Essaouira.

2 *Mission: Impossible – Rogue Nation* **(2015)**
Teile des Agententhrillers spielen in Marokko. Es entstanden imposante Szenen in Casablanca und Rabat sowie auf dem Jemaa el-Fna in Marrakech.

3 *Marrakesch* **(1966)**
Die Spionagekomödie war kein Erfolg.

4 *Kundun* **(1997)**
In Martin Scorseses Epos diente das Atlasgebirge als Tibet. Einige Requisiten sind noch in der Kasbah du Toubkal *(siehe S. 63)* zu sehen.

5 *Marrakesch* **(1998)**
In der Verfilmung von Esther Freuds Roman sind die Souks und der Jemaa el-Fna zu sehen.

6 *Gladiator* **(2000)**
Russell Crowe wird als Sklave nach Aït Benhaddou *(siehe S. 100)* verkauft. In der befestigten Stadt wurden auch *Die letzte Versuchung Christi* und *Lawrence von Arabien* gedreht.

7 *Alexander* **(2004)**
Marrakech war einer der Drehorte des Films über den makedonischen König.

8 *Babel* **(2006)**
Der Film spielt zum Teil in dem südmarokkanischen Dorf Tazatine.

9 *Sex and the City 2* **(2010)**
In der Filmkomödie, die keine guten Kritiken erhielt, diente Marrakech als Abu Dhabi.

10 *Der Mann, der zu viel wusste* **(1956)**
Hitchcock filmte James Stewart und Doris Day im La Mamounia und am Jemaa el-Fna.

Der Mann, der zu viel wusste (1956)

🔟 Architektur

① Stuckarbeiten
In Marokko sind oft ganze Wände mit in Stuck gearbeiteten Mustern bedeckt. Das Material wird bearbeitet, solange es noch feucht ist. Die Muster werden zuerst auf die Oberfläche gezeichnet und dann mit Hammer und Meißel ausgearbeitet.

② Mauerlöcher
Die vielen Löcher in den Mauern der Stadt entstanden durch die beim Bau verwendeten Holzgerüste.

③ Tadelakt
Der aus Muschelkalk aus der Region um Marrakech gewonnene Kalkverputz wurde ursprünglich in Badehäusern als Schutz gegen Hitze und Feuchtigkeit verwendet. Er wird auf die Wände aufgetragen, mit flachen Steinen verdichtet und poliert. Nach dem Trocknen wird er mit Eiweiß lasiert und mit einheimischer schwarzer Olivenölseife erneut poliert. Die Oberfläche hat den Anschein von weichem Leder.

④ Innenhöfe
Anders als die schlichten Außenmauern sind die Innenbereiche der Häuser oft reich verziert. Die Innenhöfe, in die sich die kühle Nachtluft senkt, dienen als Klimaanlagen und bieten Frauen die Möglichkeit, unverschleiert im Freien zu sein.

Traditionell gestalteter Innenhof

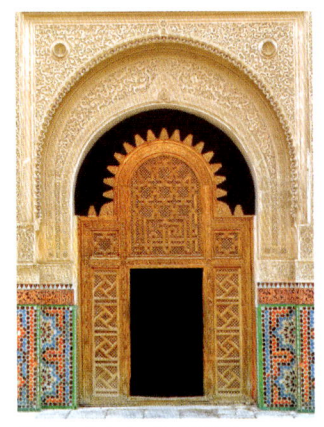

Holzschnitzereien an einer Tür

⑤ Holzschnitzereien
Einige Muster werden sowohl in Stuck- als auch in Holzarbeiten verwendet, Holzschnitzereien zeigen aber auch oft arabische Inschriften. Arabisch gilt als heilige Sprache, da der Koran dem Propheten Mohammed auf Arabisch offenbart wurde. Die Inschriften preisen Allah. Sie haben ornamentale, aber auch informative Funktion.

⑥ Brunnen
Brunnen und Becken dienen der rituellen Waschung vor dem Gebet. Zudem gilt in dem trockenen Klima die Bereitstellung von Trinkwasser als gute Tat.

Architektur « 45

(7) Minarette
Die rechteckige Form marokkanischer Minarette geht auf die Dynastie der Umayyaden im islamischen Spanien zurück, die ursprünglich aus Syrien stammte. Syrien nimmt wegen seiner wohl in Anlehnung an die Kirchtürme syrischer Christen auf rechteckigem Grundriss erbauten Minarette im Nahen Osten eine Sonderstellung ein.

(8) *Pisé*
Das landestypische Baumaterial, mit Stroh und Steinen vermengte feuchte Erde, wird zwischen Brettern aufgeschichtet und mit Kalk verstärkt. Da schlecht gearbeitetes *pisé* im Regen bröckelt, sieht man in Südmarokko viele verfallene Häuser.

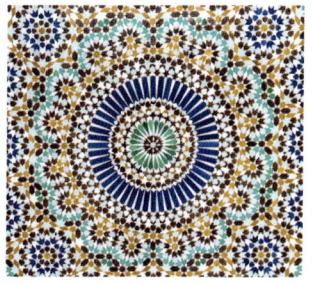

Mosaik aus vielfarbigen Kacheln

(9) *Zellij*
Besonders auffällige Elemente der marokkanischen Architektur sind die komplexen geometrischen Mosaiken aus vielfarbigen Kacheln. Bei der *zellij* genannten Technik werden große, quadratische Kacheln in Handarbeit zugeschnitten. In den meisten Fällen werden konventionelle Formen und Größen verwendet, insgesamt gibt es jedoch 360 verschiedene Arten von Kacheln.

(10) Hufeisenbogen
Die Bogen mit kreisrunder Form erinnern an ein Hufeisen oder an ein Schlüsselloch. Hufeisenbogen sind in der islamischen Architektur vorherrschend. Sie sind vor allem im maurischen Spanien und in Nordafrika weitverbreitet.

Historische Gebäude

Bab Agnaou

1 Bab Agnaou
Das beeindruckende Tor zur Kasbah ist wie ein Hufeisen geformt *(siehe S. 25)*.

2 Koutoubia-Moschee
Die Moschee besitzt das größte und höchste Minarett der Stadt *(siehe S. 20f)*.

3 Palais el-Badi
Die aus *pisé* erbauten, verfallenden Mauern haben deutlich sichtbare Löcher *(siehe S. 30f)*.

4 Palais de la Bahia
Den im 19. Jahrhundert erbauten Palast zieren *zellij* *(siehe S. 68)*.

5 Medersa ben Youssef
Die Koranschule weist fast alle für die marokkanische Architektur typischen Dekorelemente auf, darunter *zellij*, Stuckarbeiten und Holzschnitzereien *(siehe S. 28f)*.

6 Tin-Mal-Moschee
Die Innenräume der Moschee zieren seltene Stuckarbeiten aus der frühen Zeit der Almohaden *(siehe S. 94f)*.

7 Koubba el-Badiyin
Das älteste islamische Bauwerk Marrakechs ist mit herrlichen, in Marokko einzigartigen Stuckarbeiten verziert *(siehe S. 75)*.

8 Dar Cherifa
Das Gebäude des geschäftigen Kulturzentrums, einst ein vornehmes Wohnhaus mit Innenhof, zieren herrliche Holzschnitzereien *(siehe S. 72)*.

9 Dar el-Bacha
Die zahllosen farbenfrohen *zellij* lassen den Besucher bei der Betrachtung fast schwindlig werden.

10 Dar-Si-Saïd-Museum
Das Museum gibt Einblick in die Techniken und Zierelemente marokkanischer Architektur *(siehe S. 68)*.

Hammams & Spas

1) Heritage Spa
Karte H2 ▪ 40 Arset Aouzal, Bab Doukkala, Medina ▪ 0524 38 43 33 ▪ tägl. 10–20 Uhr ▪ www.heritage spamarrakech.com ▪ Kreditkarten

Das moderne Spa bietet verschiedene Anwendungen, Englisch sprechendes Personal, eine freundliche Atmosphäre und ein gutes Preis-Leistungs-Verhältnis. Das Heritage Spa eignet sich besonders gut für Besucher, die mit klassischen *hammams* noch nicht vertraut sind.

Flaschen mit Wellnesssubstanzen

2) Les Bains de Marrakech
Karte J6 ▪ 2 derb Sedra, Bab Agnaou, Kasbah ▪ 0524 38 14 28 ▪ tägl. 9–19 Uhr ▪ www.lesbains demarrakech.com ▪ Kreditkarten

Das Spa stellt Besuchern eine breite Palette an Anwendungen zur Auswahl, darunter Wassermassagen, Shiatsu und »vierhändige Massagen«. In den ungewöhnlicherweise nicht nach Geschlechtern getrennten kleinen Dampfbadkabinen des *hammams* ist Badekleidung Pflicht. Im angrenzenden Riad Mehdi kann man nach dem Spa-Besuch den Durst löschen.

3) Hammam Ziani
Karte K4 ▪ Rue Riad Zitoun el-Jdid, Medina ▪ 0662 71 55 71 ▪ tägl. 9–22 Uhr ▪ keine Kreditkarten

Der im Vergleich zu anderen Badehäusern in der Medina äußerst gepflegte *hammam* bietet alle Grundbehandlungen (Seifenwaschung, Peeling, Dampfbad und Massage) an.

4) Hammam de la Rose
Karte J2 ▪ 130 Dar el-Bacha, Medina ▪ 0524 44 47 69 ▪ tägl. 10–20 Uhr ▪ www.hammam delarose.com ▪ American Express, MasterCard, Visa

Das Spa ist eleganter als die öffentlichen *hammams* und doch schlichter als die luxuriösen Wellnessoasen der Stadt. Damit bietet es Besuchern die Möglichkeit, zu erschwinglichen Preisen die marokkanische Bäderkultur zu genießen. Zu den buchbaren Kombi-Angeboten zählen Körperpeelings mit anschließender Massage.

5) La Maison Arabe
Anders als die meisten *hammams* in großen Riads und Hotels ist das Dampfbad des La Maison Arabe *(siehe S. 112)* öffentlich zugänglich. Eine von einer Rücken-, Gesichts- oder Fußmassage gefolgte *gommage* (Peeling) mit einer *kissa* (Luffahandschuh) schafft Wohlbefinden.

6) Hammam Dar el-Bacha
Karte H3 ▪ 20 rue Fatima Zohra, Medina ▪ Männer: tägl. 7–13 Uhr; Frauen: tägl. 13–19 Uhr ▪ keine Kreditkarten

Der historische *hammam*, einer der ältesten der Stadt, ist noch in Betrieb, aber wenig gepflegt. Die sechs Meter hohe Kuppel des Dampfbads ist beeindruckend.

Les Bains de Marrakech

Hammams & Spas « 47

Spa des Fünf-Sterne-Hotels La Sultana

⑦ La Sultana
Das Spa des Fünf-Sterne-Hotels *(siehe S. 112)* bietet einen *hammam*, ein Marmorjacuzzi mit Sternenkuppel, Balneotherapiebecken, Massagekabinen unter freiem Himmel, ein Fitnesscenter und ein Solarium. Pauschalangebote beinhalten Massagen, Aromatherapie und Algenbehandlungen. Das Spa ist sehr beliebt – frühzeitige Reservierung empfiehlt sich.

⑧ Farnatchi Spa
Die *hammams* des eleganten Spas im Riad Farnatchi *(siehe S. 112)* sind mit Marmor verkleidet und besitzen Gewölbedecken. Im Innenhof gibt es ein nettes Café. Körperpeelings gefolgt vom Auftragen einer wohlriechenden Maske und einer Massage mit schwarzer Beldi-Seife sorgen für Wohlbefinden. Das Spa kann man sogar tageweise mieten.

⑨ Royal Mansour
Das Fünf-Sterne-Hotel *(siehe S. 112)* verfügt über ein äußerst luxuriöses Spa. Besucher erleben schon beim Betreten ein beeindruckendes Ambiente: Das mit weißen, schmiedeeisernen Schmuckelementen ausgestattete Atrium ist von Vogelgezwitscher erfüllt. Der sich über drei Etagen erstreckende Wellnessbereich beinhaltet einen großen Swimmingpool und ein Fitnesscenter.

⑩ Coco's Spa
Zum Angebot des Spas im eleganten Riad Noir d'Ivoire *(siehe S. 115)* zählen einstündige Massagen vor einem offenen Kamin, Massagen mit heißen Steinen und Reflexzonenmassagen. Bekannt ist das Spa für Anwendungen, die marokkanische und thailändische Massagetechniken vereinen. Es gibt ein *hammam*.

Innenhof des Riad Noir d'Ivoire

🔟 Riads

Sitzbereich auf der Dachterrasse des Riad Kniza

❶ Riad Kniza
Das von einem einheimischen Antiquitätenhändler restaurierte, 200 Jahre alte Stadthaus weist wunderschöne Kunsthandwerksarbeiten auf. Das Ambiente und der aufmerksame Service vermitteln Besuchern das Gefühl, in einem Palast zu residieren *(siehe S. 114)*.

❷ Riad Kheirredine
Das elegante Haus prägt eine Kombination von traditioneller Einrichtung im Berber-Stil und modernem Equipment wie Bluetooth-Musikanlagen. Mineralwasser, Gebäck und Prepaid-Handys werden Gästen kostenlos angeboten *(siehe S. 114)*.

❸ Riad AnaYela
Der Name des Riads »Ich heiße Yela« basiert auf den ersten Worten eines Schriftstücks, das bei der Renovierung des Hauses entdeckt wurde und von einer verbotenen Liebesbeziehung erzählt. Besucher erleben in dem kleinen, prächtig ausgestatteten Riad einen wunderbaren Aufenthalt *(siehe S. 114)*.

❹ Riad Farnatchi
Das Interieur des luxuriösen, behaglichen Riad zeigt verspielte moderne Versionen traditioneller Gestaltungselemente. Die Suiten bieten in den Boden eingelassene Badewannen und eigene Terrassen. Einige sind mit marmornen Zierbrunnen und offenen Kaminen ausgestattet *(siehe S. 112)*.

Innenhof des Riad Farnatchi

Riads « 49

⑤ Riad Noir d'Ivoire

Üppiges Dekor, eine dezent beleuchtete Bar, die hervorragende Cocktails serviert, ein *hammam* und eine elegante Boutique verleihen dem Riad schickes Flair *(siehe S. 115)*.

⑥ Dar Attajmil

Die vier Zimmer des kleinen Riad blicken auf einen Hof mit Bananenbäumen. Sie haben dunkle Holzdecken, die Bäder ziert *tadelakt (siehe S. 44)*. Das Restaurant verarbeitet Bio-Zutaten von der Farm nahe Essaouira, die den Hauseignern gehört. Die Hoteliers, die in derselben Straße einen weiteren Riad mit zwei Zimmern betreiben, bieten auf Anfrage Kochkurse und einen Flughafentransfer *(siehe S. 114)*.

⑦ Tchaikana

Der Riad bietet zwei Suiten sowie zwei große und ein kleineres Doppelzimmer. Die wunderschöne Einrichtung der Räume schafft ein betont afrikanisches Ambiente. Das Haus zieren Stuckarbeiten, *tadelakt (siehe S. 44)* und andere traditionelle Dekorationselemente. In dem großen Innenhof gibt es Frühstück und Abendessen bei Kerzenlicht *(siehe S. 117)*.

⑧ Riad Al Massarah

Die britisch-französischen Betreiber legen großen Wert auf Nachhaltigkeit, ohne auf Luxus, eine hervorragende Ausstattung und exzellenten Service zu verzichten *(siehe S. 114)*.

⑨ La Maison Arabe

Der Riad gleicht einem kleinen Hotel. Seine Geschichte reicht in die 1940er Jahre zurück. Das an ein Landhaus erinnernde Gebäude verströmt koloniales Flair. Gäste können in renommierten Kochkursen marokkanische Gerichte zubereiten. Es gibt einen kleinen Swimmingpool im Garten, einen größeren erreicht man mit dem kostenlosen Shuttle-Dienst des Riads nach 15-minütiger Fahrt *(siehe S. 112)*.

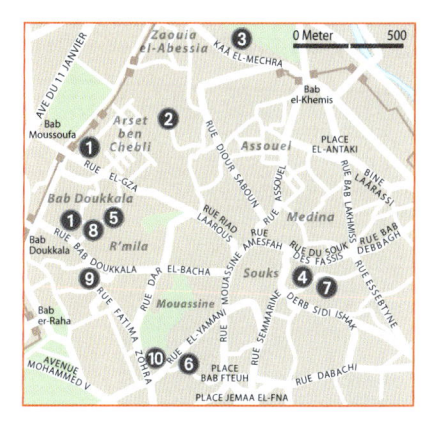

Restaurant, La Maison Arabe

⑩ El-Fenn

Der von der britischen Künstlerin Vanessa Branson gestaltete Riad umfasst vier Innenhöfe, zwei Pools, einen *hammam*, ein Restaurant, eine Bar, ein Kino und eine Bibliothek. Zur Sammlung moderner Kunst zählen Werke von Branson. Die Dachterrasse bietet Blick auf das Atlasgebirge. In den 23 Zimmern finden 56 Gäste Platz *(siehe S. 112)*.

TOP 10 Parks und Gärten

Jardin Majorelle

1 Jardin Majorelle
Der Garten wurde von dem französischen Künstler Jacques Majorelle angelegt. Später erwarb Yves Saint Laurent *(siehe S. 42)* das Gelände. Der hübsche kleine Garten birgt Bambushaine, Kakteen, Palmen und Becken voller Seerosen. Das im leuchtenden Majorelle-Blau gestrichene ehemalige Atelier des Künstlers beherbergt heute das Musée Berbér *(siehe S. 32f)*.

2 Mamounia-Gärten
Der vor dem weltberühmten Hotel La Mamounia *(siehe S. 34f)* gelegene Park Arset el-Mamoun bezaubert mit Blumenbeeten, Olivenhainen und Zitronenbäumen. Er wurde im 18. Jahrhundert unter Prinz Moulay Mamoun um einen zentralen, als königliche Residenz dienenden Pavillon angelegt.

3 Le Jardin Secret
Karte J2 ▪ 121 rue Mouassine, Medina ▪ 0524 39 00 40 ▪ Feb, März & Okt: tägl. 9.30–18.30 Uhr; Apr–Sep: tägl. 9.30–19.30 Uhr; Nov–Jan: tägl. 9.30–18 Uhr ▪ Eintritt ▪ www.lejardinsecretmarrakech.com

Der Garten in einem großen Innenhof im Zentrum der Medina wurde 2016 eröffnet. Er bietet ein Café, in dem man bei Minztee herrlich entspannen kann.

4 Menara-Gärten
Karte B7 ▪ Ave de la Menara, Hivernage ▪ 0524 43 95 80 ▪ tägl. 9–17 Uhr ▪ www.jardin-menara.com

Das aus dem 12. Jahrhundert datierende Areal mit Obstgarten, Wasserbecken und Pavillon ist der Inbegriff eines islamischen Parks.

Pavillon, Menara-Gärten

Parks und Gärten « 51

⑧ Jnane el-Harti
Die gepflegte Anlage ist bei Einheimischen beliebt. Wegen der Nähe zu vielen Arbeitsstätten ist sie in den Mittagspausen gut besucht, ansonsten aber ruhig. Abends sieht man Pärchen, die – auf der Flucht vor den nimmermüden Argusaugen ihrer Eltern und Verwandten – etwas Privatsphäre suchen *(siehe S. 80)*.

⑨ Koutoubia-Gärten
Die Wege in den formalen Gärten, die sich südlich der Koutoubia-Moschee erstrecken, säumen Blumenbeete und Formschnitthecken. Die Rosen blühen trotz des heißen Klimas fast das ganze Jahr über *(siehe S. 21)*.

⑤ Musée de la Palmeraie
Karte F4 ■ Dar Tounsi, Route de Fès ■ 0266 10 95 352 ■ tägl. 9–18 Uhr ■ www.benchaabane.com

Die Anlage in einem Palmenhain am Rand der Stadt verbindet auf harmonische Weise Kunst und Natur. Zum Museum gehören mehrere Themengärten, in denen Schildkröten und Frösche leben. Ausstellungen zeigen Werke marokkanischer Künstler.

⑥ Agdal-Gärten
Karte E7 ■ südl. des Grand Méchouar ■ Fr & So 7.30–17 Uhr; bei Anwesenheit des Königs geschl.

Die Anlage aus dem 12. Jahrhundert umfasst mehrere miteinander verbundene Gärten, z. B. Orangen-, Oliven-, Feigen- und Granatapfelhaine sowie Weingärten. In dem großen, »Teich der Gesundheit« genannten Wasserbecken ertrank 1873 Sultan Mohammed IV. bei einer Bootsfahrt mit seinem Sohn. Auf der Anlage ist Vorsicht vor Taschendieben geboten.

⑦ Cyber Parc Arsat Moulay Abdeslam
Karte G3 ■ Ave Mohammed V ■ tägl. 7.30–18.30 Uhr

Die Rasenflächen zwischen den von Palmen beschatteten Wegen des an die Avenue Mohammed V und die Stadtmauer grenzenden Parks werden gern zur Mittagspause aufgesucht. Es gibt WLAN-Hotspots.

Dar al Hossoun

⑩ Dar al Hossoun
Taroudant ■ 0528 85 34 76 ■ www.alhossoun.com

In den Wüstengärten, die das Gästehaus Dar al Hossoun im südmarokkanischen Taroudant *(siehe S. 93)* umgeben, gedeihen über 900 Arten von Pflanzen. Es werden Führungen angeboten.

Unbekanntes Marrakech

1. Jarjeer Mule and Donkey Refuge
Karte C1 ▪ Rue d'Amizmiz
▪ 0602 86 60 13 ▪ www.jarjeer.org
Die Anlage befindet sich in einem bezaubernden Tal am Fuß des Atlasgebirges. Sie bietet betagten Eseln und Maultieren sowie elternlosen Jungtieren ein Zuhause. Es gibt ein Café. Kinder können auf Eseln reiten. Die Anlage liegt 24 Kilometer von Marrakech entfernt nahe dem Dorf Oumnass.

2. Sidi Ghanem
Karte C1 ▪ 219 Quartier Industriel Sidi Ghanem
Das am nördlichen Ende der Stadt gelegene Industriegebiet ist auch als »Designviertel« bekannt. Zahlreiche exzellente Läden (La Maison Fenyadi sollte man keinesfalls versäumen) bieten Haushaltswaren und Einrichtungsgegenstände, darunter Kerzen, Keramiken, Leinen und Möbel, an. In den Cafés und Restaurants in dem Areal kann man sich während der Shoppingtour stärken.

Geschirr, La Maison Fenyadi

3. Reiten
Ausritte in die Wüste um Marrakech sind eine wunderbare Möglichkeit, das Land abseits des Trubels zu erkunden. Mehrere Veranstalter in und um Marrakech bieten geführte Ausflüge an und stellen Pferde und Ausrüstung zur Verfügung. Das Angebot reicht von eintägigen Ausritten bis zu einwöchigen Touren. Es werden auch Ausflüge entlang der Küste und ins Gebirge veranstaltet.

Jüdischer Friedhof Miâara

4. Jüdischer Friedhof Miâara
Karte L5 ▪ Ave Taoulat el-Miara
Anfang des 20. Jahrhunderts zählte die jüdische Gemeinde in Marrakech etwa 36 000 Mitglieder, heute sind es nur noch einige Hundert. Der 200 Jahre alte ummauerte Friedhof im wenig besuchten Südwesten der Medina zeugt von der einst großen jüdischen Bevölkerungsschicht.

5. La Pause
Karte C1 ▪ Douar Lmih Laroussiene, Agafay ▪ 0610 77 22 40
▪ www.lapause-marrakech.com
Die 40 Minuten von Marrakech entfernt im Agafay-Tal gelegene Öko-Lodge bietet verschiedene Unterkünfte – Nomadenzelte, die mit Berberteppichen und Kissen ausgelegt sind, und aus *pisé* erbaute Hütten. Auf der Anlage werden zahlreiche Freizeitaktivitäten wie Schwimmen, Reiten, Golf und Pétanque angeboten.

Unbekanntes Marrakech « 53

(6) Tagesausflüge

Viele Ziele in der Umgebung von Marrakech lohnen einen Tagesausflug. Hotels bieten Wagen und Fahrer an. Zu den am wenigsten besuchten Orten zählt der Stausee Barrage Lalla Takerkoust, in dem man mit herrlichem Blick auf die Berge schwimmen kann *(siehe S. 63)*.

(7) Marché Central
Karte C4 ▪ Rue Ibn Toumert

Der außerhalb der Medina, östlich der Place du 16 Novembre gelegene Markt wird gern von Einheimischen aufgesucht. Stände bieten Obst, Gemüse und andere regionale Erzeugnisse feil. In den ebenfalls vertretenen Kunsthandwerksläden ist die Qualität der Waren meist besser als in den Souks.

(8) Souk El Khemis
Karte D4 ▪ Bab el Khemis

Den Flohmarkt nördlich der Medina durchstöbern Kunsthandwerker gerne nach außergewöhnlichen Objekten, die sie bei der Renovierung von Riads verwenden können.

(9) Palmeraie Palace

In der Palmeraie – dem Palmenhain nördlich der Stadt – befinden sich neben den Villen wohlhabender Einwohner einige luxuriöse Hotels. Das Palmeraie Palace gehört zu den besten Golfhotels Nordafrikas. Gäste können den 27-Loch-Platz nutzen. Zum Haus gehören mehrere Restaurants und Bars sowie ein Kinderclub *(siehe S. 117)*.

Beldi Country Club

(10) Beldi Country Club
Karte C1 ▪ Route de Barrage
0524 38 39 50 ▪ www.beldicountry club.com

Die von Olivenhainen und Rosengärten umgebene Anlage befindet sich nahe dem Zentrum von Marrakech. Sie bietet Restaurants, Swimmingpools, Tennisplätze und ein Spa. Es werden Töpfer- und Kochkurse angeboten. Zur Anlage gehört ein luxuriöses Hotel.

Swimmingpool, Palmeraie Palace

TOP 10 Kinder

Musizierende Gnawa auf dem Jemaa el-Fna

① Jemaa el-Fna
Die Jongleure, Akrobaten und Musiker auf dem Jemaa el-Fna bereiten kleinen Besuchern großes Vergnügen. Es ist wichtig, die Kinder tagsüber gut vor der Hitze zu schützen, vor allem im Sommer, wenn die Temperaturen um die 40 °C erreichen (siehe S. 12f).

② Reiten
Royal Club Equestre, Route du Barrage (gegenüber Oasiria) ▪ 0524 38 18 49
Das Resort Palmeraie Palace (siehe S. 117) bietet die Möglichkeit, auf Pferden und Ponys zu reiten. Auch im Royal Club Equestre können für Erwachsene Pferde und für Kinder unter zehn Jahren Ponys gemietet werden. Es werden 15-minütige Ausritte angeboten.

③ Schwimmen
Der Swimmingpool des Resorts Palmeraie Palace (siehe S. 117) steht auch Nicht-Hotelgästen offen. Auf der Anlage gibt es zudem einen Kinderspielplatz.

④ Jnane el-Harti
Kinder können auf dem kleinen Spielplatz in dem öffentlichen Park (siehe S. 80) zwei große grüne Dinosaurier erklimmen und hinunterrutschen.

⑤ Kinderfreundliche Restaurants
Die Mini-Pizzas, Pasta-Gerichte und Desserts, die das italienische Restaurant Le Catanzaro (siehe S. 83) in Guéliz anbietet, erfreuen Kinder, die der marokkanischen Küche skeptisch gegenüberstehen. Die auch in Marrakech allgegenwärtigen internationalen Fast-Food-Ketten sind bei Kindern ebenfalls beliebt.

⑥ Kawkab Jeux
Karte C5 ▪ 1 rue Imam Shafi, Kawkab Centre, Hivernage ▪ 0524 43 89 29 ▪ Di – Fr 14 – 22 Uhr, Sa, So & Feiertage 9.30 – 23 Uhr
Das südlich des Jnane el-Harti neben dem Royal Tennis Club gelegene Café verwöhnt Kinder mit köstlicher Eiscreme. Zur Unterhaltung gibt es Spielplätze im Innen- und im Außenbereich, Tischfußball, Tischtennis und Videospiele.

Spielgerät, Kawkab Jeux

Kinder « 55

⑦ Tansift-Garten
Circuit de la Palmeraie
■ 0524 30 87 86 ■ tägl. 8–23.30 Uhr
Abseits der Hauptstrecke durch die Palmeraie befinden sich im Tansift-Garten ein Kinderspielplatz und das Café Palmier d'Or. Nahebei werden Pony- und Kamelritte angeboten.

⑧ Oasiria
Km 4, Route du Barrage
■ 0524 38 04 38 ■ Ende März – Ende Okt: tägl. 10–18 Uhr ■ www.oasiria.com ■ Eintritt
Der Wasserpark im Süden der Stadt bietet ein Wellenbad, einen überdachten, beheizten Pool, einen künstlichen Fluss und Restaurants. Ein kostenloser Shuttle-Bus fährt ab 9 Uhr alle 45 Minuten vom Jemaa el-Fna und von Guéliz nach Oasiria.

Oasiria

⑨ Kinderfreundliche Hotels
Coralia Club Palmariva, km 6, Route de Fès ■ 0672 73 97 78
Für Familien empfiehlt sich ein Aufenthalt in einem großen Hotel *(siehe S. 113)*. Der kinderfreundliche Coralia Club Palmariva bietet Pool, Spielplatz und Bastelbereich.

⑩ Kaleschenfahrten
Nahe dem Jemaa el-Fna warten an der Nordseite der Place Foucault Pferdekutschen *(calèches)* auf Fahrgäste. Die Kaleschen umrunden die Stadtmauer oder fahren zur Palmeraie. Die Preise variieren – die Touren kosten bis zu 110 Dirham für 15 bis 20 Minuten. Man kann jedoch mit den Fahrern handeln.

Freizeitaktivitäten

1 Kochkurse
www.soukcuisine.com
Souk Cuisine bietet kulinarische Wochen und Kurse in englischer Sprache.

2 Radfahren
Zu den zahlreichen Anbietern von Leihrädern in der Stadt zählt Bike Morocco in der Rue Khalid Ibn Eloualid in Guéliz.

3 Golf
Golf d'Amelkis: km 12, Route de Ouarzazate, 0524 40 44 14
Golf spielt man im Golf d'Amelkis oder im Resort Palmeraie Palace *(siehe S. 117)*.

4 Ballonfahren
www.marrakechbyair.com
Marrakech By Air bietet Fahrten in Heißluftballons über der Wüste an.

5 Tennis
Karte C5 ■ Rue Oued el-Makhazine, Guéliz ■ 0524 43 19 02
Der Royal Tennis Club bietet auch Nicht-Mitgliedern die Möglichkeit, Plätze zu reservieren.

6 Kartfahren
Karte C4 ■ 0661 23 76 87
Atlas Karting an der Route de Safi vermietet auch Quads.

7 Mountainbiking
www.marrakechbikeaction.com
Marrakech Bike Action veranstaltet Geländetouren und Stadtfahrten.

8 Marathon
www.marathon-marrakech.com
In Marrakech finden im Januar ein Marathon und ein Halbmarathon statt.

9 Skifahren
Bei Schneefall können Skifahrer in Oukaïmeden im Ourika-Tal *(siehe S. 63)* aktiv werden.

10 Quadfahren
www.dunesdesert.com
Fahrten mit Quads bietet zum Beispiel das Unternehmen Dunes & Desert an.

Quad-Fahren in der Wüste

TOP 10 Bars & Clubs

1 Comptoir Darna
Die große Lounge über dem Restaurant im Erdgeschoss *(siehe S. 83)* ist mit einer langen Cocktailbar ausgestattet. Im Comptoir Darna genießt ein schickes Publikum das elegante Ambiente. An manchen Abenden gibt es Liveveranstaltungen mit Tanzensembles, Gnawa-Musikern oder Orchestern, die traditionelle arabische Musik spielen.

Comptoir Darna

2 Kechmara
Die Café-Bar lockt mit Livemusik und Kunstausstellungen. Es gibt Bier vom Fass und viele Speisen *(siehe S. 83)*.

3 BAB Hotel Sky Bar
Karte B5 ■ Ecke Blvd Mansour Eddahbi & Rue Mohammed el-Beqqal, Guéliz ■ 524 43 52 50 ■ www.babhotelmarrakech.ma

Die Bar auf der Dachterrasse des BAB Hotel in Guéliz ist trendig und schick. An den Wochenenden legen DJs auf, gelegentlich wird Livemusik gespielt. Es werden Tapas aus dem Hotelrestaurant angeboten.

4 Sky Bar
Karte B5 ■ Ecke Blvd Zerktouni & Ave Mohammed V, Guéliz ■ 0524 33 77 77 ■ www.renaissance-hotel-marrakech.com

Die Bar des La Renaissance Hotel im Zentrum von Guéliz ist an Wochenenden gut besucht. Sie befindet sich auf der Dachterrasse, sieben Stockwerke über der Place Abdel Moumen ben Ali. Der herrliche Blick über die Medina reicht bei klarem Himmel bis zum Atlasgebirge.

5 Café Arabe
Da sich in der Medina mehrere Schreine von Heiligen befinden, ist der Ausschank von Alkohol in diesem Stadtteil weitestgehend verboten. Lediglich einige auf Urlauber ausgerichtete Lokale bieten alkoho-

Bars & Clubs « 57

lische Getränke an. Das Café Arabe serviert marokkanische und italienische Speisen, man kann aber auch einfach nur einen Drink bestellen und auf den Terrassen oder im Hof entspannen *(siehe S. 77)*.

⑥ Théatro
Karte C6 ◼ Hotel es-Saadi, Ave el-Kadissia, Hivernage ◼ 0664 86 03 39 ◼ tägl. 23 – 5 Uhr ◼ www.theatromarrakech.com ◼ MasterCard, Visa

In dem schicken Club tanzt man auf der Bühne eines ehemaligen Musiktheaters. Neben Resident- und Gast-DJs treten Hip-Hop-Bands auf. In dem beliebten Club wird frühzeitige Reservierung empfohlen.

⑦ Grand Café de la Poste
Das in einem hübsch restaurierten Postamt aus der Zeit der französischen Herrschaft untergebrachte Café hat das Flair einer Brasserie. Es wird gern zum Mittag- und Abendessen besucht, eignet sich aber auch hervorragend für einen Drink bei Sonnenuntergang mit Blick auf die Place du 16 Novembre *(siehe S. 83)*.

⑧ Nikki Beach
Circuit de la Palmeraie ◼ 0663 51 99 92 ◼ März – Jan: tägl. 11.30 – 20 Uhr ◼ MasterCard, Visa

Der 15 Minuten von der Medina entfernt gelegene glamouröse Club bietet einen Pool mit »schwimmenden Bars«. Am frühen Abend kehren viele Besucher auf einen Drink ein.

Tanzfläche im Pacha

⑨ Pacha
Blvd Mohammed VI, Zone hôtelière de l'Aguedal ◼ 0524 37 22 32 ◼ tägl. 12 – 5 Uhr ◼ www.pachamarrakech.com ◼ MasterCard, Visa

Nordafrikas größter Club liegt zehn Autominuten südlich von Marrakech. Es gibt eine Chillout-Lounge, zwei Restaurants und einen Pool mit Terrasse. Am Wochenende legen Gast-DJs auf. Das Pacha wird auch, z. B. während des Festival International du Film de Marrakech *(siehe S. 40)*, für Großveranstaltungen genutzt.

⑩ Kosybar
Die Kosybar bietet eine Pianobar im Erdgeschoss, einen gemütlichen Raum im ersten Stock und eine Dachterrasse *(siehe S. 77)*.

Pool, Nikki Beach

TOP 10 Spezialitäten

Marokkanischer Salat

1. Marokkanische Salate
Marokkanische Salate stehen traditionell am Beginn einer Mahlzeit. Bei einigen wird als landestypische Zutat Orangenblütenwasser verwendet.

2. Minztee
Der allgegenwärtige grüne Tee mit frischer Minze wird stets mit reichlich Zucker serviert. Die Technik des Einschenkens ist beinahe so wichtig wie das Getränk selbst: Dank des langen, gebogenen Schnabels der Kanne wird der Tee in elegantem Bogen in Gläser gegossen. Üblicherweise trinkt man drei kleine Gläser.

3. Menüs
In preiswerten Restaurants bestehen Menüs aus einer Vorspeise (Suppe oder Salat), einem Hauptgericht und einem Dessert (Obst oder Crème Caramel). Teurere Restaurants servieren in klassisch marokkanischer Art eine schier endlose Folge von Gängen, die auch die hungrigsten Gäste mehr als satt werden lassen.

4. Briouats
Kleine Blätterteigdreiecke werden mit verschiedenen Zutaten gefüllt, am häufigsten mit gewürztem Lammhack und Pinienkernen oder Feta mit Spinat. Einige Garküchen in Marrakech bereiten Füllungen mit Garnelen, Hühnchen und Zitrone zu. Die süße *Briouats*-Variante wird mit Erdnüssen gefüllt und in Honig getränkt.

5. Couscous
Das nordafrikanische Grundnahrungsmittel besteht aus gedämpften Grießkügelchen, die beim Garen locker aufgehen. In der Regel isst man zu Couscous eine scharfe, mit Harissa gewürzte Brühe, gedämpftes Gemüse und Fleisch.

Minztee

6. Pastilla
Pastilla ist eine Vor- oder Hauptspeise aus Blätterteig mit salzig-süßer Füllung, die in der Regel zerkleinertes Taubenfleisch, Zwiebeln und Gewürze enthält. Die Blätterteigpasteten werden mit Zimt und Zucker bestreut und erhalten dadurch das typisch marokkanische Aroma.

Pastilla

Spezialitäten « 59

(7) Unterhaltung
Einige Restaurants unterhalten ihre Gäste z. B. mit Bauchtänzerinnen oder Gnawa-Musik. Im nördlich der Tensift-Brücke gelegenen Chez Ali bieten *Fantasia*-Reiter, Schlangenbeschwörer und Akrobaten ein regelrechtes Spektakel.

(8) Harira
Die traditionelle marokkanische Suppe aus Tomaten, Linsen, Kichererbsen, Gewürzen und Lamm ist eine eigenständige Mahlzeit. Sie wird zu besonderen Anlässen und während des Fastenmonats Ramadan nach Sonnenuntergang gegessen.

Harira

(9) Marokkanisches Gebäck
Zum Abschluss einer Mahlzeit wird häufig Gebäck serviert. Die beliebten, in Öl ausgebackenen und in Honig getauchten *chabakias* werden im Ramadan gegessen. Lecker sind auch süße *pastillas* mit Nüssen und *crème anglaise* (Creme aus Eigelb, Zucker und Milch).

(10) Tajines
Tajines werden langsam bei niedrigen Temperaturen in einem Tontopf mit spitzem Deckel gegart und kombinieren üblicherweise Fleisch und Obst. Als Zutaten dienen leicht zu schmorende Lebensmittel wie Fisch, Rindfleisch, Trockenfrüchte, Oliven und Gemüse.

Tajine-Variationen

Tajine mit Rind, Fenchel und Erbsen

1 Rind mit Fenchel & Erbsen
Die Köche im Restaurant des La Maison Arabe *(siehe S. 112)* verwenden für diese leckere *Tajine* reichlich Fleisch.

2 Lamm, Zwiebeln & Mandeln
Die würzige Lamm-*Tajine* ist in Marrakech sehr beliebt.

3 Lamm & Datteln
Diese im Le Tanjia *(siehe S. 71)* servierte Variante ist in der französischen Küche weitverbreitet.

4 Lamm & Birne
Die Birne wird so weich gekocht, dass sie fast die Konsistenz eine Pürees annimmt.

5 Kalb & grüne Erbsen
Safran und Ingwer geben dieser Variation ihre besondere Note.

6 Lamm, Pflaumen & geröstete Mandeln
Die Mandeln bilden einen knusprigen Kontrast zu den klebrigen Pflaumen.

7 Kalb & Quitte
Wer die Kombination von süß und sauer mag, sollte diese Variation kosten.

8 Fisch
Die beste Fisch-Tajine gibt es im Dar Moha *(siehe S. 77)* sowie in Essaouira.

9 Lamm & Artischocken
Das kräftig gewürzte Lamm harmoniert perfekt mit den karamellisierten Zwiebeln und Artischocken.

10 Kefta-Tajine
Kleine, würzige Hackfleischbällchen werden langsam in einer kräftigen Tomatensauce gegart, gelegentlich wird ein Ei zugegeben.

Kefta-Tajine

Restaurants

Le Foundouk

1. Le Foundouk
Das elegante Restaurant serviert französische und marokkanische Gerichte. In dem historischen Gebäude mit Innenhof sorgen Ledersitze und ein herrlicher Lüster für Flair. Die Wartezeit auf einen Tisch kann man mit einem Drink an der Bar oder auf der schönen Dachterrasse überbrücken *(siehe S. 77)*.

2. Comptoir Darna
In dem beliebten Lokal in einer zweistöckigen Villa sorgen DJs und die Stimmen der Gäste für einen hohen Geräuschpegel. Dank der guten marokkanischen und französischen Küche und der fantastischen Atmosphäre erleben Besucher dennoch tolle Abende. Am Wochenende treten Bauchtänzer auf *(siehe S. 83)*.

3. Al Fassia
Das nur von Frauen geführte marokkanische Restaurant mit hübschem Garten bietet die ungewöhnliche Option, à la carte zu speisen. Es entbehrt der Extravaganz vieler seiner Konkurrenten, überzeugt jedoch mit exzellenten Gerichten *(siehe S. 83)*.

4. Nomad
Die Einrichtung des Nomad prägen klare Linien und ein moderates Farbschema. Die Küche verleiht traditionellen marokkanischen Gerichten eine moderne Note. Die mit der Spezialität des Tages erzielten Einnahmen werden einer karitativen Einrichtung gespendet. Das Nomad bietet auch hervorragende Cocktails *(siehe S. 77)*.

5. Pepe Nero
Das Restaurant ist in einem wunderschönen Riad untergebracht. Die Tische umringen einen mit Rosenblättern bedeckten Pool. In dem bezaubernden Ambiente werden hervorragende marokkanische Gerichte und italienische Speisen serviert *(siehe S. 71)*.

Dachterrasse, Pepe Nero

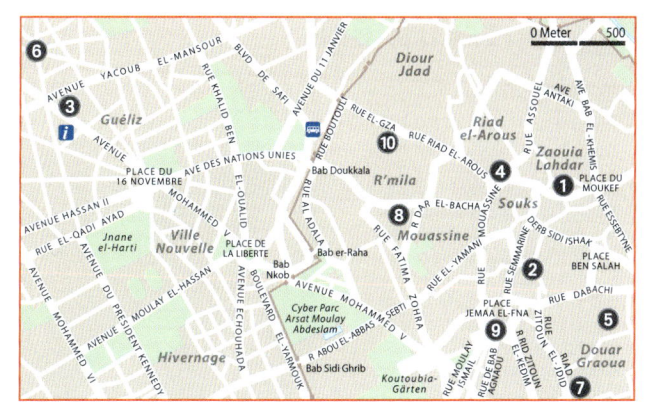

Restaurants « 61

⑥ Amal
Das Restaurant wird von einer wohltätigen Einrichtung betrieben, die benachteiligte Frauen unterstützt. Die Tageskarte bietet exzellente marokkanische Hausmannskost bei hervorragendem Preis-Leistungs-Verhältnis. Das Restaurant liegt etwas abseits – es befindet sich nördlich von Guéliz –, lohnt aber auf jeden Fall den Weg *(siehe S. 83)*.

⑦ La Famille
Das Restaurant ist eine Oase der Ruhe inmitten der lebhaften Medina. In dem schattigen Innenhof gedeihen Oliven- und Orangenbäume. Die Speisekarte wechselt nach Saison. Geboten wird kreative vegetarische Mittelmeerküche mit Schwerpunkt auf Salaten *(siehe S. 77)*.

⑧ Dar Moha
Der in Marrakech weithin bekannte Küchenchef Moha Fedal kreiert köstliche moderne Variationen traditioneller marokkanischer Speisen. Im Sommer sorgen Musiker, die an dem von Kerzen beleuchteten Pool spielen, für ein noch bezauberndes Ambiente *(siehe S. 77)*.

⑨ Nachtmarkt
Ein Teil des Jemaa el-Fna verwandelt sich jeden Abend in ein riesiges Freiluftlokal. Zwischen den improvisierten Garküchen drängen sich Menschenmengen. Die Auswahl umfasst nahezu alle typischen marokkanischen Speisen – von *harira* über Kebabs bis zu Couscous und *tajines*, die man in authentischer Atmosphäre genießt *(siehe S. 14f)*.

Freiluftküche, Nachtmarkt

⑩ Latitude 31
Die Küche verleiht traditionellen marokkanischen Speisen modernen Touch: Klassische Gerichte wie *briouats*, *pastillas* und *tajines* werden mit neuen Zutaten und Aromen versehen. Die Lage des eleganten Restaurants ist vorzüglich: Es bildet in einem bezaubernden begrünten Innenhof nahe einer geschäftigen Straße in der nördlichen Medina eine Oase der Ruhe *(siehe S. 77)*.

TOP 10 Tagesausflüge

1. Dorfmärkte

In der Umgebung von Marrakech halten mehrere Dörfer Wochenmärkte ab, auf denen die Landbewohner Lebensmittel, preiswerte Kleidung und Nippes kaufen und verkaufen. Die Ware wird meist auf Eseln und Maultieren transportiert. Auch Viehauktionen und Stände von reisenden Friseuren und Zahnärzten gehören zum Markttreiben. Die Hotels in Marrakech erteilen Auskunft über die Marktzeiten.

2. Setti Fatma
Karte C2

Das kleine Dorf liegt eine Autostunde südlich von Marrakech im Ourika-Tal in den Ausläufern des Atlasgebirges. Von Setti Fatma führt ein 15-minütiger Spaziergang zu einem hübschen Wasserfall mit Teich. Auf einer anspruchsvollen Route durch ein steil ansteigendes Tal erreicht man sechs weitere Wasserfälle.

3. Tin Mal

Die historische Moschee Tin Mal südlich von Marrakech ist auch dann erreichbar, wenn Teile des Tizin'Test-Passes wegen schlechten Wetters gesperrt sind. Die Fahrt auf der R203 zur Moschee dauert zwei Stunden. Samstags lohnt der Markt in Asni einen Stopp *(siehe S. 94f)*.

Cascades d'Ouzoud

4. Cascades d'Ouzoud
Karte D1 ■ Riad Cascades d'Ouzoud: 0662 14 38 04, www.ouzoud.com

Die schönsten Wasserfälle Marokkos erreicht man von Marrakech in zwei Autostunden auf der Route de Fès Richtung Nordosten. Durch Haine (*ouzoud* heißt in der Berbersprache Oliven) gelangt man zu den Schluchten von Oued el-Abid. Oberhalb der Wasserfälle befindet sich ein schöner Riad.

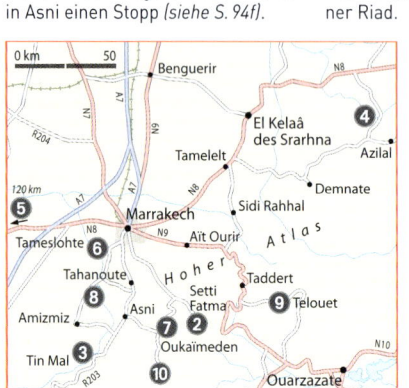

5. Essaouira

Die mittelalterliche, ummauerte Hafenstadt am Atlantik ist wenige Stunden von Marrakech entfernt. Sie lockt mit einem Fischerhafen, Stränden, Souks und Erinnerungen an ihre Beliebtheit in der Hippie-Zeit *(siehe S. 86 – 91)*.

6. Tameslohte
Karte C1

Das 30 Autominuten von Marrakech entfernt an der Route d'Amizmiz

Tagesausflüge « 63

gelegene Dorf ist für seine Töpferkooperative bekannt. Es beherbergt zudem Webereien, eine von Maultieren gezogene alte Olivenmühle und eine verfallende Kasbah. An der Place Sour Souika, dem Hauptplatz des Ortes, liegt neben der großen Moschee die Informationsstelle der Association Tameslohte. Auch die Dorfbewohner weisen gern den Weg zu den Töpfereien.

❼ Oukaïmeden
Karte C2

Marrakech ist auch Ausgangsort für Skiausflüge. Wenn im Atlasgebirge von Februar bis April Schnee fällt, erwacht das Skigebiet in Oukaïmeden hoch über dem Ourika-Tal zum Leben. Es bietet einen Sessellift und Skiverleihe. Im Frühjahr und Sommer lohnen die Petroglyphen aus der Bronzezeit eine Besichtigung.

Skifahrer in Oukaïmeden

❽ Barrage Lalla Takerkoust
Karte C2 ▪ Le Petit Hotel du Flouka: BP 45 Barrage Lalla Takerkoust, 0664 49 26 60, www.leflouka-marrakech.com

Der beeindruckende Stausee liegt südlich von Marrakech an der Route d'Amizmiz vor der Kulisse des Atlasgebirges. Das klare Wasser lädt zum Schwimmen ein, man kann auch Boote mieten. Am Ufer bieten viele Lokale einheimische Küche – so auch das Restaurant des Petit Hotel du Flouka, das sich als Übernachtungsmöglichkeit empfiehlt.

❾ Kasbah Telouet

Der Bergpalast von Telouet liegt an der Strecke nach Ouarzazate. Wer keine Reise südlich des Atlasgebirges plant, erreicht den Ort mit dem täglichen Bus oder mit einem gemieteten Taxi auf einem Tagesausflug von Marrakech. Hotels helfen bei der Planung *(siehe S. 99)*.

❿ Kasbah du Toubkal

Den letzten Teil des Weges zu der einstigen Berberfestung am Fuß des Jbel Toubkal legt man auf Maultieren zurück. Besucher werden für ein Mittagessen nach Berberart und einen Spaziergang zur Kasbah gebracht und kehren vor Einbruch der Dunkelheit in die Stadt zurück. Man kann in der Kasbah auch übernachten *(siehe S. 97)*.

Kasbah du Toubkal

Stadtteile & Abstecher

Kasbah Aït Benhaddou

Jemma el-Fna & Kasbah	66
Souks	72
Neustadt	78
Essaouira	86
Tizi-n'Test-Pass	92
Tizi-n'Tichka-Pass	98

» Stadtteile

TOP 10 Jemaa el-Fna & Kasbah

Dar-Si-Saïd-Museum, Detail

Der Jemaa el-Fna (gesprochen etwa »dsch'maf na«), von den Stadtgründern als Paradeplatz angelegt *(siehe S. 12–15)*, wurde öffentlicher Grund, nachdem die neuen Herrscher weiter südlich die ummauerte königliche Burganlage, die Kasbah, erbaut hatten. Bis heute ist der Jemaa el-Fna lebendiges Herz der Stadt. Auf dem Areal, auf dem einst die Köpfe hingerichteter Verbrecher zur Schau gestellt wurden, tummeln sich Wahrsager und Akrobaten. Abends wird der Platz zum Freiluftlokal.

- **1** Top-10-Attraktionen
  siehe S. 67–69
- **1** Restaurants
  siehe S. 71
- **1** Shopping
  siehe S. 70

Jemaa el-Fna & Kasbah « 67

① Jemaa el-Fna

Der Platz lockt mit seiner einzigartigen Atmosphäre Scharen von Einheimischen und Urlaubern an. Wahrsager, Akrobaten und Schlangenbeschwörer bieten ein faszinierendes Bild. Die vom Jemaa el-Fna in südlicher Richtung abzweigende Rue de Bab Agnaou stellt die »moderne« Hauptstraße in der Medina dar: In der verkehrsberuhigten Straße findet man Internetcafés, Geldautomaten und Apotheken. In den Gassen links und rechts der Rue de Bab Agnaou befinden sich einige preiswerte Hotels. Die Rue Riad Zitoun el-Jedid führt vom Jemaa el-Fna zu mehreren Hauptsehenswürdigkeiten der Stadt, z. B. zum Dar-Si-Saïd-Museum *(siehe S. 68)*. Die Rue Riad Zitoun el-Kedim verbindet den Jemaa el-Fna mit dem Palastviertel *(siehe S. 12f)*.

② Nachtmarkt

Am frühen Abend verwandelt sich der Jemaa el-Fna in ein riesiges Freiluftlokal. Garküchen werden aufgebaut und der Duft von gegrilltem Fleisch erfüllt die Luft. Auf dem Nachtmarkt kann man vielerlei einheimische Spezialitäten genießen. Musiker sorgen für Unterhaltung *(siehe S. 14f)*.

③ Koutoubia Mosque

Die Koutoubia-Moschee besitzt ein wunderschönes Minarett. Der imposante, 77 Meter hohe rosafarbene Turm bildet einen faszinierenden Kontrast zum tagsüber kobaltblauen und abends feurig orangefarbenen Himmel. Der Zutritt zur Moschee ist nur Muslimen gestattet *(siehe S. 20f)*.

Koutoubia-Moschee

④ La Mamounia

Das in einem einstigen Palast ansässige Hotel zählt seit seiner Eröffnung im Jahr 1923 zu den Wahrzeichen von Marrakech. Das Restaurant und die Bar am Pool stehen auch Nicht-Hotelgästen offen. Elegante Kleidung ist Voraussetzung für einen Besuch *(siehe S. 34f)*.

Suite im La Mamounia

⑤ Mellah
Karte L5

Das alte jüdische Viertel schließt im Osten an die Kasbah an. Über einen mit Rosen bepflanzten Platz und die quirlige überdachte Marktstraße Souk el-Bab Salaam gelangt man zur Place Souweka. Nördlich der Place Soukewa steht eine der letzten noch genutzten Synagogen der Stadt. Der Großteil der jüdischen Bevölkerung Marrakechs wanderte nach dem Zweiten Weltkrieg nach Israel aus. Die vielen Gräber auf dem nahe gelegenen Jüdischen Friedhof Miâara zeugen von der einstigen Größe der Gemeinde.

⑥ Saadier-Gräber

Die historische Grabanlage ist über einen schmalen Weg zu erreichen, der an der hinter dem Stadttor Bab Agnaou *(siehe S. 25)* gelegenen Kasbah-Moschee vorbeiführt. In der mit einem Garten ausgestatteten Anlage sind 66 Mitglieder der Saadier-Dynastie bestattet, unter deren Herrschaft Marrakech ein Goldenes Zeitalter erlebte *(siehe S. 26f)*.

Saadier-Gräber

⑦ Palais de la Bahia
Karte L4–5 ■ 5 rue Riad Zitoun el-Jdid ■ 0524 38 91 79 ■ Sa – Do 8.30 – 11.45 Uhr & 14.30 – 17.45 Uhr, Fr 8.30 – 11.30 Uhr & 15 – 17.45 Uhr ■ Eintritt

Das Palais de la Bahia (»Palast des Glanzes«), das man über eine lange Gartenzufahrt erreicht, wurde in den 1890er Jahren von einem mächtigen Großwesir erbaut. Pfeile führen Besucher durch die Innenhöfe und die einstigen Privaträume des Wesirs und seiner vier Frauen. Die Räumlichkeiten sind mit *zellij (siehe S. 45)*, Stuckarbeiten und Zedernholzschnitzereien verziert. Der damals herrschende Sultan Abdel Aziz war so neidisch auf die üppige Pracht, dass er Teile des Palais nach dem Tod des Großwesirs plündern ließ.

⑧ Dar-Si-Saïd-Museum
Karte K4 ■ Rue Riad Zitoun el-Jdid ■ 0524 38 95 64 ■ Mi – Mo 9 – 17 Uhr ■ Eintritt

Der von dem Bruder Ba Ahmeds, des Erbauers des Palais de la Bahia, errichtete, vergleichsweise kleine Palast besticht durch die äußerst detailreiche Ausschmückung der Räume. Er besitzt wunderschön bemalte Decken. Das in dem Gebäude untergebrachte Museum für ornamentale Kunst zeigt u. a. herrlich geschnitzte Holzpaneele, bemalte Berbertüren, Metallarbeiten, Teppiche und interessant gestaltete Schmuckstücke.

⑨ Palais el-Badi

Von dem Palast, der einst zu den prachtvollsten der Welt zählte, sind nur noch Ruinen verblieben. Das zwischen halb verfallenen Mauern gelegene staubige Gelände lässt noch historische Elemente wie die Senkgärten und kunstvolle maurische Handwerksarbeiten erkennen *(siehe S. 30f)*.

Dekoration, Palais de la Bahia

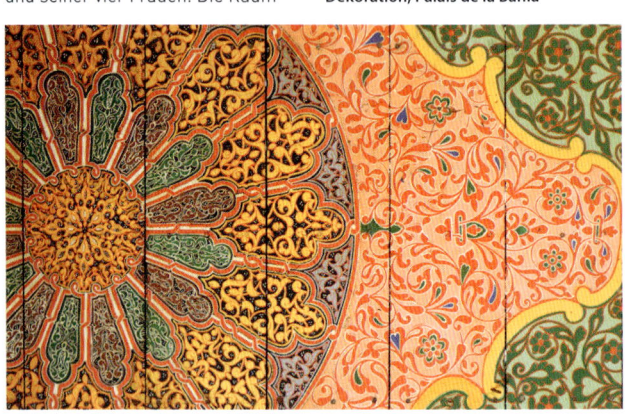

Jemaa el-Fna & Kasbah « 69

Exponate im Musée Tiskiwin

⑩ Musée Tiskiwin
Karte K4 ■ 8 derb el-Bahia, nahe Rue Riad Zitoun el-Jdid ■ 0524 38 91 92 ■ tägl. 9–12.30 Uhr & 14.30–18 Uhr ■ www.tiskiwin.com ■ Eintritt

Das auf dem Weg zum Dar-Si-Saïd-Museum gelegene Privathaus gehört dem niederländischen Anthropologen Bert Flint, der mit großer Leidenschaft das traditionelle Kunsthandwerk des ländlichen Marokko dokumentiert. Die geografisch geordnete Sammlung entführt Besucher auf eine virtuelle Reise entlang der einstigen Fernhandelsrouten von Marrakech durch die Sahara nach Timbuktu. Exponate sind in Französisch beschriftet, es gibt aber auch eine englischsprachige Broschüre.

Herrscher & Paläste

Im Lauf der Geschichte wechselte der Standort des marokkanischen Hofs zwischen Fès, Meknès, Rabat und Marrakech. Der im 12. Jahrhundert von den Almohaden im Süden des Jemaa el-Fna erbaute älteste Palast Marrakechs ist noch erhalten. Der heutige König Mohammed VI. ließ sich außerhalb des Bab Agnaou einen kleineren Privatpalast errichten.

Spaziergang

▶ Vormittags

Die an der Südseite des **Jemaa el-Fna** *(siehe S. 12–15)* an einem Torbogen beginnende **Rue Riad Zitoun el-Kedim** führt in ein überwiegend von Einheimischen bewohntes Viertel, in dem Verkäufer von Souvenirs und Nippes fehlen. Am Südende der Straße bieten einige Läden aus alten Autoreifen gefertigte praktische und skurrile Dinge wie Eimer und Spiegelrahmen an. Auf der anderen Seite der Hauptstraße lohnt ein Abstecher zum **Marché Couvert** *(siehe S. 70)*, auf dem Gemüse, Obst und Fleisch verkauft werden. Von der südöstlich des Markts gelegenen, gepflasterten **Place des Ferblantiers** *(siehe S. 70)*, dem Platz der Metallhandwerker, gelangt man durch ein Tor zu den Ruinen des **Palais el-Badi**. An der Nordwestecke der Place des Ferblantiers locken preiswerte Imbissstände.

Nachmittags

Nach einem Bummel durch den **Souk el-Bab Salaam** *(siehe S. 70)* folgen Sie der **Rue Riad Zitoun el-Jdid** nach Norden. Am Ende der Straße steht rechts das Tor zum **Palais de la Bahia**. Wer wenig Zeit hat, geht nach dem Torbogen an der ersten Möglichkeit links zum **Dar-Si-Saïd-Museum**. Etwas weiter liegt das nicht minder interessante **Musée Tiskiwin**. Auf der Rue Riad Zitoun el-Jdid führt der Weg dann – vorbei am **Cinéma Eden**, einem der wenigen Freiluftkinos in Marrakech – zum Jemaa el-Fna, dem Startpunkt des Spaziergangs, zurück.

Siehe Karte S. 66

Shopping

Zum Verkauf stehende Teppiche, Rue Riad Zitoun el-Jdid

① Rue Riad Zitoun el-Jdid
Karte K3

Die hübschen kleinen Boutiquen an der Straße bilden eine Alternative zu den Souks.

② Etablissement Bouchaib
Der in der Nähe der Saadier-Gräber gelegene große staatliche Laden bietet traditionelle Kunsthandwerksprodukte zu Festpreisen (siehe S. 27).

③ Warda la Mouche
Karte K3 ▪ 127 rue Kennaria
▪ 0524 38 90 63

Die Boutique verkauft handgearbeitete Damenmode im modernen marokkanischen Stil sowie Schals und andere Accessoires.

④ Place des Ferblantiers
Karte K5

An dem Platz sind Messing- und Eisenlaternen in allen Größen und Formen erhältlich – eine gute Alternative zu den Souks.

⑤ Aya's
Karte K5 ▪ 11 bis derb Jdid, Bab Mellah ▪ 0524 38 34 28 ▪ www.ayasmarrakech.com

Der ein wenig versteckt gelegene Laden verkauft ausgefallene Kleidungsstücke und Schmuck.

⑥ Alnour
Karte J3 ▪ 19 derb Moulay el-Ghali ▪ 0524 39 03 23 ▪ www.alnour-textiles.com

In der Boutique sind hochwertige Accessoires sowie aus Naturfasern gefertigte, handbestickte Kleidungsstücke erhältlich, die von einheimischen Frauen hergestellt wurden.

⑦ Le Cadeau Berbère
Karte J3 ▪ 51 Jemaa el-Fna
▪ 0524 44 29 07

Das 1930 gegründete, familiengeführte Fachgeschäft für Textilien beliefert Innenarchitekten, Hoteliers und Sammler in aller Welt.

⑧ Marché Couvert
Karte K5 ▪ Ave Houman el-Fetouaki ▪ Fr geschl.

In der Markthalle werden Nahrungsmittel aus der Region, Blumen und Haushaltswaren angeboten.

Messinglaterne

⑨ Atelier El Bahia
Karte K5 ▪ Rue Bahia Bab Mellah ▪ 0524 38 52 86

Der Laden bietet neben Teppichen, Überwürfen und andere Heimtextilien hübsche handgefertigte Schals.

⑩ Souk el-Bab Salaam
Karte K5

Der Kräuter- und Gewürzmarkt befindet sich im alten jüdischen Viertel Mellah.

Jemaa el-Fna & Kasbah « 71

Restaurants

Preiskategorien
Preis für ein Drei-Gänge-Menü pro Person mit einer halben Flasche Wein, inklusive Steuern und Service.

Dh unter 200 Dh   Dh Dh 200–400 Dh
Dh Dh Dh über 400 Dh

① Café Clock
Karte K7 ■ 224 derb Chtouka, Kasbah ■ 0524 37 83 67 ■ tägl. 9–22 Uhr ■ www.marrakech.cafeclock.com ■ Dh

Neben Burgern mit Kamelfleisch, Mandelmilchshakes und hausgemachter Eiscreme serviert das Café Frühstück nach Berberart.

② Le Marrakchi
Karte K3 ■ 52 rue des Banques ■ 0524 44 33 77 ■ tägl. 12–24 Uhr ■ www.lemarrakchi.com ■ MasterCard, Visa ■ Dh Dh Dh

Das Restaurant lockt mit Dachterrasse, Musik und Bauchtanz.

③ Zwin Zwin Café
Karte K4 ■ 4 rue Riad Zitoun el-Kedim ■ 0524 38 07 07 ■ tägl. 11.30–23 Uhr ■ MasterCard, Visa ■ Dh

Das schicke Café mit Dachterrasse bietet Alkoholausschank.

④ Kosybar
Karte K5 ■ 47 place des Ferblantiers ■ 0524 38 03 24 ■ tägl. 11–1 Uhr ■ MasterCard, Visa ■ www.kosybar.com ■ Dh Dh Dh

Die japanisch-mediterrane Fusionsküche genießt man auf der Dachterrasse oder in exotischem Interieur.

⑤ Pâtisserie des Princes
Karte J4 ■ 32 rue de Bab Agnaou ■ 0524 44 30 33 ■ tägl. 6–23 Uhr ■ Dh

Die marokkanische Version einer französischen Patisserie bietet auch Eiscreme, Säfte, Tee und Kaffee.

⑥ Nachtmarkt
Abends gibt es auf dem Jemaa el-Fna Freiluftküchen mit einheimischen Speisen (siehe S. 14f).

⑦ Chez Chegrouni
Karte K3 ■ Jemaa el-Fna ■ 0665 47 46 15 ■ tägl. 6–23 Uhr ■ keine Kreditkarten ■ Dh

Gäste genießen schmackhafte marokkanische Gerichte und den Blick auf den Jemaa el-Fna.

⑧ Pepe Nero
Karte K4 ■ 12 derb Cherkaoui, Douar Graoua ■ 0524 38 90 67 ■ Di–So 12–14.30 Uhr & 19.30–23 Uhr ■ www.pepenero-marrakech.com ■ Dh Dh Dh

Das gehobene Restaurant bietet exzellente italienische und marokkanische Speisen (siehe S. 60).

Pepe Nero

⑨ Le Tanjia
Karte K5 ■ 14 derb Jdid, Hay Essalam, Mellah ■ 0524 38 38 36 ■ tägl. 11–24 Uhr ■ Kreditkarten ■ Dh Dh Dh

In dem Restaurant werden auf drei Etagen zu hervorragenden marokkanischen Gerichten Bauchtanzvorführungen geboten.

⑩ Roti d'Or
Karte K3 ■ 17 rue Kennaria, Medina ■ 0627 13 11 37 ■ Sa–Do 12–16 Uhr & 18–20.30 Uhr ■ Dh

Die in dem kleinen, schicken Straßencafé angebotenen Burger, Tacos und Wraps tragen eine marokkanische Note.

Siehe Karte S. 66

⏍ Souks

In den nördlich des Jemaa el-Fna gelegenen Souks verkaufen zahllose winzige Läden Kleidung, Lederwaren, Metallarbeiten, Messinglaternen, Teppiche und Schmuck. In den einzelnen Bereichen wird jeweils eine Art Ware angeboten – in einer Gasse z. B. bunte *babouches*, in einer anderen Töpferwaren. Auch wenn mit »Spezialpreisen« geworben wird, lohnt sich Feilschen immer. Selbst wenn man keinen Kauf tätigt, beeindruckt ein Besuch der Souks.

Mouassine-Brunnen

❶ Mouassine-Brunnen
Karte J2

Die Rue Mouassine und die Rue Semmarine sind die beiden Hauptstraßen in den Souks. Erstere führt an der Mouassine-Moschee vorbei. Der Brunnen auf dem kleinen Platz rechts der Moschee besitzt vier Becken – drei für Tiere und eines für Menschen. Der Torbogen neben dem Brunnen bietet Zutritt zum Souk de Teinturiers *(siehe S. 73)*.

❷ Dar Cherifa
Karte J2 ▪ 8 derb Chorfa Lakbir, Mouassine ▪ 0524 42 65 50 ▪ Restaurant: tägl. 10 – 24 Uhr (Mi bis 19 Uhr); www.marrakech-riads.com/restaurant-dar-cherifa

Zu dem wunderschön renovierten Stadthaus führen Schilder in der Gasse gegenüber der Mouassine-Moschee. Die exquisiten Holzschnitzereien und Stuckarbeiten in den Räumen datieren zum Teil aus dem 16. Jahrhundert. Das Haus dient als Kulturzentrum. Es beherbergt ein Restaurant und einen Teesalon.

❸ Fondouk
Karte J2 ▪ 192 rue Mouassine

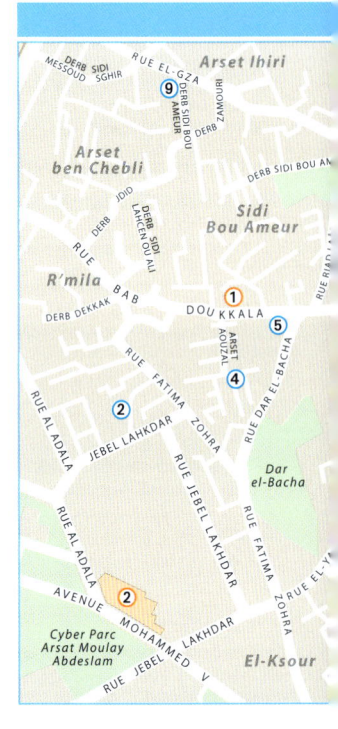

Von der Mouassine-Moschee führt ein Spaziergang in nördlicher Richtung am Café Arabe *(siehe S. 77)* vorbei zu einem interessanten *fondouk*, einer einstigen Herberge für Kaufleute. Im Erdgeschoss befinden sich Werkstätten, die obere Etage wird vor allem als Lager genutzt. Der *fondouk* fungierte in dem Kinofilm *Marrakesch* als Hotel, in dem die Hauptdarstellerin Kate Winslet mit ihren Filmtöchtern nächtigte.

4 Souk des Teinturiers

Der »Souk der Färber«, der sich östlich der Mouassine-Moschee erstreckt, bietet einen faszinierenden Anblick. Wenn in bestimmten Bereichen tagsüber die frisch gefärbten Wollstränge aufgehängt werden, scheint das Areal in allen erdenklichen Farben zu leuchten. Die Färber selbst sind leicht an ihrer von den Händen bis zu den Ellbogen rot, lila und blau verfärbten Haut zu erkennen (siehe S. 16).

Gefärbte Wolle, Souk des Teinturiers

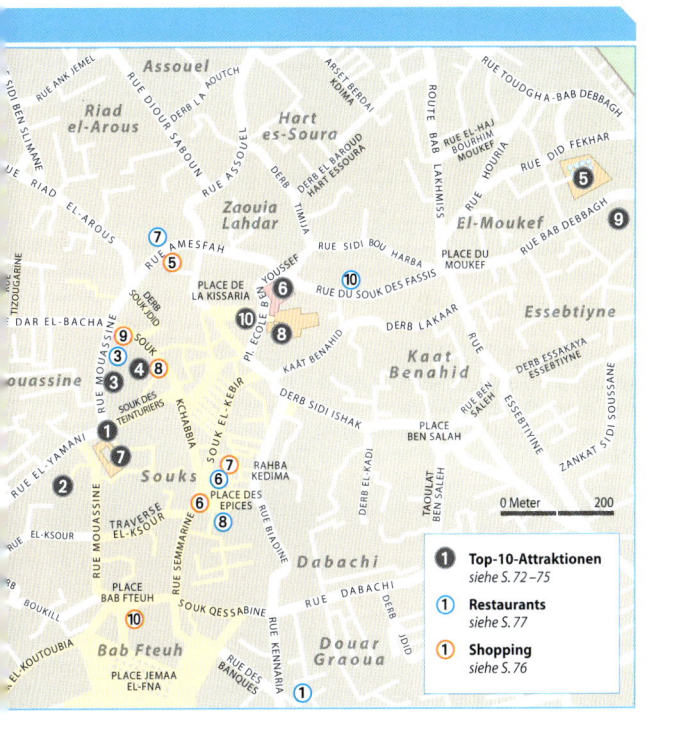

- ① Top-10-Attraktionen *siehe S. 72–75*
- ① Restaurants *siehe S. 77*
- ① Shopping *siehe S. 76*

Die Gerbereien – farbenfroh und geruchsintensiv

⑤ Gerbereien
Karte L – M1

Eine unempfindliche Nase ist in dem Viertel, in dem Tierhäute von Hand zu Leder gegerbt werden, von Vorteil. Die offenen Tröge, in denen die Häute eingeweicht werden, wirken aus der Ferne wie die Farbtöpfe in einem Wasserfarbkasten. Für eine Besichtigung von Nahem verteilen Führer Minzzweige, die man sich vor die Nase halten kann, um den fauligen Gestank zu überdecken. Aufgrund der Geruchsbelästigung gibt es Pläne, die Gerbereien an einen anderen Ort zu verlegen. Wer sich bis zu den Gerbereien vorgewagt hat, sollte auch den nahen Bab Debbagh besichtigen *(siehe S. 25)*.

⑥ Medersa ben Youssef

Die Koranschule aus dem 16. Jahrhundert liegt nördlich des Musée de Marrakech. Sie birgt winzige fensterlose Zellen für Hunderte Studenten. Am schönsten ist der mit vielfarbigen Kacheln, Stuckornamenten und Holzverkleidungen verzierte Haupthof *(siehe S. 28f)*.

⑦ Musée de Mouassine
Karte J2 ■ 4 – 5 derb el-Hammam, Mouassine ■ 0524 37 77 92 ■ tägl. 9.30 –19 Uhr ■ Eintritt ■ www.museedemouassine.com

Im ersten Stock des unscheinbaren Hauses wurde eine beeindruckende Entdeckung gemacht: Unter dem Putz verbergen sich wunderschöne bemalte Decken und Vertäfelungen. Das Haus gehörte einem Mitglied der Saadier-Dynastie – die Gestaltungselemente aus dem 16. Jahrhundert sind intakt geblieben. Besucher können Wechselausstellungen besichtigen, den Restaurateuren zusehen und im Café auf der Dachterrasse einkehren.

⑧ Musée de Marrakech
Karte K2 ■ Place ben Youssef ■ 0524 44 18 93 ■ tägl. 9 –18.30 Uhr (Feiertage geschl.) ■ Eintritt ■ www.musee.ma

Der beeindruckende Palast beherbergt die Fondation Omar Benjelloun, ethnologische und archäologische Ausstellungsstücke sowie eine umfangreiche Sammlung von antiken und zeitgenössischen Kunsthandwerksprodukten. Die Räume

Innenhof, Musée de Marrakech

Souks « 75

des ehemaligen *hammams* der Anlage bilden eine faszinierende, außergewöhnliche Ausstellungsfläche.

9 Stadtmauer & Tore

Die Stadtmauer, die die Medina umringt, wurde um 1120 auf Geheiß des Almoraviden-Sultans Ali ben Youssef erbaut. Unter den Toren gilt das westlich der Saadier-Gräber gelegene »Tor der Gnawa« Bab Agnaou als das schönste. Der Weg zu den Gerbereien verläuft durch das Bab Debbagh. Im Inneren des Tors führt eine Treppe zum Dach hinauf. Wer die Stufen erklimmt, wird mit einer wunderbaren Aussicht auf die Stadt belohnt.

Koubba el-Badiyin

10 Koubba el-Badiyin
Karte K2 ■ Place ben Youssef
■ 0524 44 18 93

Das vollständig erhaltene Gebäude (11. Jh.) ist das einzige Bauwerk in Marrakech, das aus der Zeit der Almoraviden verblieben ist. Es diente vermutlich der Medersa ben Youssef als Bereich für rituelle Waschungen. Wegen Restaurierungsarbeiten ist das Gebäude nicht zugänglich, die Architektur lohnt aber auch die Betrachtung von außen.

Die sieben Heiligen

Dem Glauben nach schlafen Marrakechs sieben Schutzheilige und werden wieder auferstehen. Nicht-Muslimen ist, mit Ausnahme der äußeren Bereiche des Schreins von Sidi bel Abbes, der Zutritt zu den grün überdachten Schreinen in der Medina verboten. Jährlich strömen Pilger auf einer Wallfahrt, bei der sie täglich einen Schrein besuchen, in die Stadt.

Spaziergang

Vormittags

Die Souks erkundet man am besten auf eigene Faust. Eine feste Route zu verfolgen, ist angesichts des Gassenlabyrinths und der vielen Ablenkungen kaum möglich. An einem zweiten Tag empfiehlt es sich, der **Rue Mouassine** zu folgen, gegenüber der Mouassine-Moschee links und dann die erste Straße rechts abzubiegen, um zum **Dar Cherifa** *(siehe S. 72)* zu gelangen. Zurück auf der Rue Mouassine halten Sie sich an der T-Kreuzung links, an der nächsten rechts; gehen Sie durch ein niedriges Tor, wieder links und dann rechts zum Atelier **Ministero del Gusto** (Nr. 22, Voranmeldung erforderlich), das herrliche Designobjekte bietet. Wieder auf der Hauptstraße finden Sie links den **Mouassine-Brunnen**. Ein Abstecher bringt Sie zum **Musée de Mouassine**. Richtung Norden führt Sie die Rue Mouassine zum **Café Arabe** *(siehe S. 77)*.

Nachmittags

Hinter dem Café liegt der durch den Film *Marrakesch* mit Kate Winslet bekannt gewordene **Fondouk**. Biegen Sie links in die **Rue Dar el-Bacha** ein, an der sich der Palast **Dar el-Bacha** des gefürchteten Herrschers des frühen 20. Jahrhunderts Thami el-Glaoui *(siehe S. 39 & S. 100)* befindet. Die Straße führt an vielen Antiquitätenläden und der **Bab-Doukkala-Moschee** vorbei über einen Straßenmarkt und durch das Tor **Bab Doukkala** *(siehe S. 25)* aus der Medina hinaus. Sie können weiter nach Guéliz spazieren oder ein Taxi zum Jemaa el-Fna nehmen.

Siehe Karte S. 72f

Shopping

1 Mustapha Blaoui
Karte H2 ▪ 142 rue Bab Doukkala ▪ 0524 38 52 40

Der Laden für marokkanische Waren verkauft von Kerzenleuchtern bis Garderoben einfach alles.

Mustapha Blaoui

2 Ensemble Artisanal
Karte H3 ▪ Ave Mohammed V ▪ 0524 44 35 03

In dem staatlichen Laden für marokkanisches Kunsthandwerk ist das Einkaufen ruhiger als in den Souks.

3 Kulchi
Karte J3 ▪ 15 derb Nkhel ▪ 0639 22 12 59 ▪ nach Anmeldung ▪ www.kulchi.com

Das australische Unternehmen vertreibt Teppiche, handgewebte Decken, Keramiken und andere Waren.

4 Kif Kif
Karte J3 ▪ 8 rue el-Ksour ▪ 0661 08 20 41

Zu den angebotenen Ethno-Waren zählen von Frauenkooperativen gefertigte Produkte. Der Laden unterstützt Wohltätigkeitsorganisationen und verteilt gebrauchte Kleidung.

5 Max & Jan
Karte K2 ▪ 14 rue Amsefah, Sidi Abdelaziz ▪ 0524 336 406 ▪ www.maxandjan.ma

Das belgisch-schweizerische Designeruo Jan Pauwels und Maximilian Scharl verleiht marokkanischem Stil internationales Flair.

6 Chabi Chic
Karte K3 ▪ 1 derb Arjaan, nahe Rahba Kedima ▪ 0524 38 15 46

Die unter dem Restaurant Nomad gelegene Boutique verkauft handgefertigte Keramik traditionellen und modernen Stils sowie Kosmetika.

7 Bazar du Sud
Karte K2 ▪ 14 Souk des Tapis ▪ 0524 44 30 04 ▪ www.bazardusud.com

Unter den vielen Teppichläden der Souks hat dieser wohl die größte Auswahl und kundiges Personal.

8 L'Art du Bain
Karte K3 ▪ 13 Souk el-Badine ▪ 068 44 59 42

Die handgefertigten Seifen reichen von der traditionellen marokkanischen *savon noir* bis zu Naturprodukten mit Rosenduft.

9 Souk Cherifia
Karte J2 ▪ 184 rue Mouassine, Medina

Im Souk Cherifia bieten 20 unter einem Dach versammelte Boutiquen Designermode sowie schicke Accessoires und Haushaltsgegenstände an.

Pantoffeln, Souk Cherifia

10 Beldi
Karte J3 ▪ 9–11 rue Laksour ▪ 0524 44 10 76

In der kleinen, am Eingang der Souks gelegenen Boutique werden Kreationen der Brüder Toufik und Abdelhafid verkauft. Deren moderne marokkanische Mode orientiert sich am westlichen Geschmack.

Restaurants

Preiskategorien
Preis für ein Drei-Gänge-Menü pro Person mit einer halben Flasche Wein, inklusive Steuern und Service.

Dh unter 200 Dh   Dh Dh 200–400 Dh
Dh Dh Dh über 400 Dh

① La Famille
Karte K4 ▪ 42 rue Riad Zitoun el-Jdid ▪ 0524 38 52 95 ▪ Mo–Sa 12–16.30 Uhr ▪ Kreditkarten ▪ Dh

Das Restaurant mit dem begrünten Innenhof ist eine Oase der Ruhe in der Medina. Es bietet vegetarische Mittelmeerküche.

② La Maison Arabe
Die Restaurants des Hotels bieten marokkanische, französische und asiatische Küche (siehe S. 112).

③ Café Arabe
Karte J2 ▪ 184 rue Mouassine ▪ 0524 42 97 28 ▪ tägl. 10–23 Uhr ▪ www.cafearabe.com ▪ Dh Dh

Auf der Dachterrasse gibt es italienische und marokkanische Gerichte.

④ Henna Café
Karte H2 ▪ 93 Arset Aouzal, nahe Rue Bab Doukkala ▪ 0656 56 63 74 ▪ tägl. 11–20 Uhr ▪ www.hennacafemarrakech.com ▪ Dh

Bei traditionellen Snacks und Getränken kann man sich die Hände mit Hennamalerei verzieren lassen.

⑤ Dar Moha
Karte H2 ▪ 81 rue Dar el-Bacha ▪ 0524 38 64 00 ▪ tägl. 12–16 Uhr & 19.30–22 Uhr ▪ American Express, MasterCard, Visa ▪ www.darmoha.ma ▪ Dh Dh Dh

Die Küche ist exquisit (siehe S. 61).

⑥ Café des Epices
Karte K3 ▪ 75 Rahba Kedima ▪ 0524 39 17 70 ▪ tägl. 9–23 Uhr ▪ keine Kreditkarten ▪ www.cafedesepices.net ▪ Dh

Das freundliche Café bietet Entspannung vom Trubel in den Souks.

⑦ Atay Café
Karte K2 ▪ 62 rue Amesfah, Sidi Abdelaziz ▪ 0661 34 42 46 ▪ tägl. 10–22 Uhr

In dem netten kleinen Café sind neben marokkanischen Speisen auch Gerichte wie Ravioli sowie Salate und Fruchtsäfte erhältlich.

⑧ Nomad
Karte K3 ▪ 1 derb Arjaane, nahe Rahba Kedima ▪ 0524 38 16 09 ▪ tägl. 11–23 Uhr ▪ Kreditkarten ▪ www.nomadmarrakech.com ▪ Dh Dh

Das im obersten Stock des Souk Cherifia ansässige moderne Restaurant wird von den Betreibern des Café des Épices geführt (siehe S. 60).

⑨ Latitude 31
Karte H1 ▪ 186 rue el-Gza, Arset Ihiri, Bab Doukkala ▪ 0524 38 49 34 ▪ Mo–Sa 18–23 Uhr ▪ Kreditkarten ▪ www.latitude31marrakech.com ▪ Dh Dh

In dem reizenden Lokal lohnen vor allem die Fischgerichte. Es wird kein Alkohol ausgeschenkt (siehe S. 61).

Dachterrasse, Le Foundouk

⑩ Le Foundouk
Karte K2 ▪ 55 rue du Souk des Fassis ▪ 0524 37 81 90 ▪ Do–Di 19–24 Uhr ▪ MasterCard, Visa ▪ www.foundouk.com ▪ Dh Dh

Das elegante Restaurant lockt mit französisch-marokkanischer Küche und einer Dachterrasse (siehe S. 60).

Siehe Karte S. 72f

Neustadt

Jnane el-Harti

Marrakech dehnte sich erst im frühen 20. Jahrhundert unter den Franzosen über die Mauern der Medina aus. Die Kolonialherren schufen die *ville nouvelle* mit Alleen, Villen und Parks. Der höhere Lebensstandard mit Strom und funktionierenden sanitären Anlagen lockte auch Marokkaner in die Neustadt. Heute wird der Stadtteil Guéliz genannt, da er die erste christliche Kirche (»église«) Marrakechs beherbergte. Er bildet das moderne Marrakech – mit Restaurants, Läden und einem pulsierenden Nachtleben.

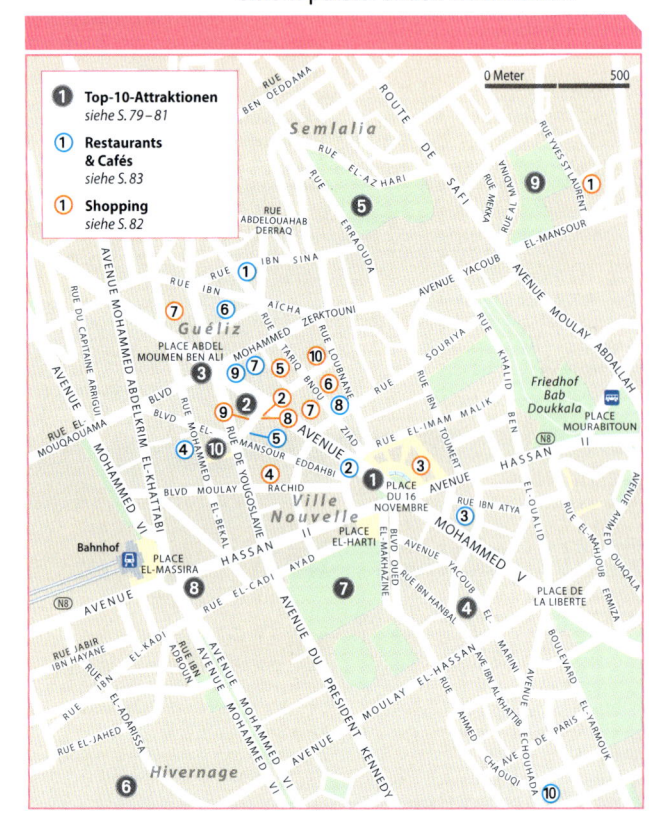

- **① Top-10-Attraktionen** siehe S. 79–81
- **① Restaurants & Cafés** siehe S. 83
- **① Shopping** siehe S. 82

Neustadt « 79

Die von Palmen beschattete Avenue Mohammed V

① Avenue Mohammed V
Karte C5

Die nach dem ersten König Marokkos benannte Hauptverkehrsader von Marrakech verbindet Alt- und Neustadt. Sie führt von der Koutoubia-Moschee (siehe S. 20f) zum Jbel Guéliz, dem Felsen im Nordwesten der Stadt. An der Strecke liegen drei große Verkehrsknotenpunkte: die Place de la Liberté mit dem modernen Brunnen, die Place du 16 Novembre mit dem Hauptpostamt und die Place Abdel Moumen ben Ali, die das Zentrum der Neustadt bildet.

② Architektur

Aus der Verbindung von traditionellen marokkanischen Elementen und von den Franzosen eingeführten Charakteristika ging ein neuer Architekturstil hervor, der vor allem im Bereich der Kreuzung von Avenue Mohammed V und Rue de la Liberté an vielen Bauten erkennbar ist: Mehrere modernistische Gebäude sind mit Arkaden versehen, die Fußgängern Schatten spenden.

③ La Renaissance Hotel
Karte C5 ▪ 89 Ecke Blvd Zerktouni & Ave Mohammed V, Guéliz ▪ 0524 33 77 77 ▪ www.renaissance-hotel-marrakech.com

Das 1952 erbaute La Renaissance war das erste Hotel im modernen Stadtteil Guéliz. Heute zählt es zu den Wahrzeichen Marrakechs. Von der Sky Bar (siehe S. 56) auf der Dachterrasse reicht die herrliche Aussicht über ganz Guéliz bis zur Koutoubia-Moschee (siehe S. 20f).

④ Église des Saints-Martyrs de Marrakech
Karte C5 ▪ Rue el-Imam Ali, Guéliz ▪ 0524 43 05 85 ▪ Gottesdienst: Mo – Sa 18.30 Uhr, So 10 Uhr

Die katholische Kirche wurde 1926 im Gedenken an sechs Franziskanermönche errichtet, die der Sultan im 13. Jahrhundert wegen ihrer Bestrebungen, das Christentum zu verbreiten, enthaupten ließ. Buntglasfenster lockern das schlichte Innere auf. Der Kirchturm wird heute vom Minarett der benachbarten Moschee überragt. In der Bibliothek finden sonntags um 10.30 Uhr protestantische Gottesdienste statt.

Église des Saints-Martyrs de Marrakech

Europäischer Friedhof

5 Europäischer Friedhof
Karte C4 ▪ Rue Erraouda
▪ Apr – Sep: tägl. 7 – 19 Uhr;
Okt – März: tägl. 8 – 18 Uhr

Der nördlich des Boulevard Mohammed Zerktouni gelegene ummauerte Friedhof wurde in den 1920er Jahren angelegt. Auf dem Gelände sind viele der ersten Bewohner von Guéliz sowie einige englische protestantische Missionare bestattet. Besonders bemerkenswert ist das Grab von Kate Hosali. Die Britin gründete 1923 die Tierschutzorganisation SPANA, da sie von dem in Marokko zu jener Zeit üblichen Umgang mit Nutztieren schockiert war.

6 Hivernage
Karte C6

Die ruhigen, von Bäumen beschatteten Straßen des südlich von Guéliz und westlich der Stadtmauer gelegenen kleinen Viertels laden zu Spaziergängen ein. Sie werden von Villen und einigen Fünf-Sterne-Hotels gesäumt. In Hivernage befinden sich auch einige gute Restaurants sowie der überaus beliebte Club Comptoir Darna *(siehe S. 56)*.

7 Jnane el-Harti
Karte B – C5

Der bezaubernde kleine Park neben der Place du 16 Novembre wurde von den Franzosen ursprünglich als Formgarten und Zoo angelegt. George Orwell beschreibt in seinem Essay *Marrakech* von 1939 *(siehe S. 42)*, wie er auf dem Gelände Gazellen fütterte. Tafeln informieren über die in den vielen Beeten angepflanzten Blumenarten. Auf dem Platz vor dem Park finden häufig Veranstaltungen statt.

> **Hippieville**
>
> Bevor in der Medina zahlreiche Hotels entstanden, stiegen alle, denen das La Mamounia unerschwinglich oder spießig erschien, in Guéliz ab. Die Rolling Stones nächtigten im Es-Saadi in Hivernage, der Schriftsteller der Beat Generation William Burroughs im Hotel Toulousain. Das La Renaissance Hotel war der bedeutendste Hippie-Treffpunkt.

8 Théâtre Royal
Karte B5 ▪ Ave Hassan II ▪ 0524 43 15 16 ▪ variierende Öffnungszeiten

Das von dem marokkanischen Architekten Charles Boccara geschaffene Bauwerk ist mit einer großen Kuppel versehen. Ein gekachelter Hof ver-

Théâtre Royal

Neustadt « 81

bindet das Freilufttheater mit 1200 Plätzen mit der 800 Besucher fassenden Oper. Zuweilen werden in den Räumen Werke einheimischer Maler und Bildhauer ausgestellt.

Brunnen, Jardin Majorelle

⑨ Jardin Majorelle
Der zehn Gehminuten östlich der Place Abdel Moumen ben Ali gelegene Jardin Majorelle ist die bedeutendste Attraktion der Neustadt. Den in den 1920er und 1930er Jahren von dem französischen Maler Jacques Majorelle angelegten Garten erwarb später der Modeschöpfer Yves Saint Laurent. Der Garten beherbergt ein Denkmal für den französischen Couturier, das Musée Berbér, eine Galerie, eine Boutique und ein Café. Nebenan liegt das Musée Yves Saint Laurent *(siehe S. 32f)*.

⑩ Spanisches Viertel
Karte B5

Eine westlich der Rue de Yougoslavie verlaufende schmale Straße säumen mit Terrassen versehene, einstöckige Häuser. Die Straße, an der Maulbeerbäume wachsen, bildet das historische spanische Viertel – ein Vermächtnis der einst großen spanischen Gemeinde der Stadt. Die ursprünglich bunt gestrichenen Häuser zeigen heute das für Marrakech typische Rosa.

Spaziergang

▶ Vormittags

Starten Sie an der **Koutoubia-Moschee** in der **Avenue Mohammed V**. Nach wenigen Minuten erreichen Sie auf der rechten Seite den staatlichen Kunsthandwerksladen **Ensemble Artisanal** *(siehe S. 76)*. Gegenüber liegt der wegen des Internetcenters **Cyber Parc** genannte **Arset Moulay Abdeslam** *(siehe S. 51)*. Die Mohammed V führt Sie durch das Tor **Bab Nkob** aus der Medina heraus und zur großen, verkehrsreichen **Place de la Liberté**. Nach der Kreuzung biegen Sie in die zweite Straße links und dann in die erste Straße rechts ein. Vorbei an der **Église des Saints-Martyrs de Marrakech** folgen Sie der Avenue Yacoub Marini nach Norden bis zum **Jnane el-Harti**. An der Place du 16 Novembre lädt das **Grand Café de la Poste** *(siehe S. 83)* zur Mittagspause ein.

Nachmittags

Nordöstlich des Platzes liegt an der Rue Ibn Toumert der **Marché Central** *(siehe S. 82)*. Zurück auf der Mohammed V können Sie vor allem im Bereich der Kreuzung mit der **Rue de la Liberté** rund um das Shoppingcenter Carré Eden in wunderbaren Läden stöbern. Danach können Sie sich an der Place Abdel Moumen ben Ali im **Café Les Négociants** *(siehe S. 83)* stärken. Von dem Platz, der sich im Zentrum von Guéliz befindet, erreichen Sie viele weitere schöne Läden sowie einige interessante Galerien *(siehe S. 40f)*. Auch viele gute Restaurants liegen in der Nähe *(siehe S. 83)*.

Siehe Karte S. 78

Shopping

① 33 Rue Majorelle
Karte C4 ▪ 33 rue Yves Saint Laurent, Guéliz ▪ 0524 31 41 95 ▪ www.33ruemajorelle.com
Der Laden führt von marokkanischen Designern entworfene Mode, Accessoires, Schmuck und Kunsthandwerksprodukte.

33 Rue Majorelle

② Place Vendôme
Karte B5 ▪ 141 ave Mohammed V ▪ 0524 43 52 63 ▪ Mo–Sa 9–13 Uhr & 15–19 Uhr ▪ MasterCard, Visa
Die angebotenen Lederwaren haben internationalen Chic und sind hochwertiger als jene in den Souks.

③ Marché Central
Auf dem Markt werden Lebensmittel und Kunsthandwerksprodukte verkauft (siehe S. 53).

④ Al Badii
Karte B5 ▪ 54 blvd Moulay Rachid ▪ 0524 43 16 93 ▪ 1.–15. Aug geschl. ▪ Kreditkarten
Der renommierte Laden verkauft außergewöhnliche marokkanische Möbel, Töpferwaren und Stickereien. Die Stücke sind äußerst stilvoll. Im Untergeschoss sind Teppiche erhältlich. Die Wände des Ladens schmücken Fotos prominenter Kunden.

⑤ Moor
Karte B5 ▪ 7 rue des Vieux Marrakchis, Guéliz ▪ 0524 45 82 74 ▪ Mo–Sa 10–13 Uhr & 15–19 Uhr ▪ www.akbardelightscollections.com ▪ Kreditkarten
Die Kleidungsstücke und Haushaltswaren sind elegant und hochpreisig.

⑥ Café du Livre
Karte B5 ▪ 44 rue Tarik Bnou Ziad, nahe Hotel Toulousain ▪ 0524 44 69 21 ▪ So geschl. ▪ Kreditkarten
Der Buchladen bietet Werke in verschiedenen Sprachen. Im Café gibt es WLAN-Zugang.

⑦ Galerie Birkemeyer
Karte B5 ▪ 169–171 rue Mohammed el-Bekal ▪ 0524 44 69 63 ▪ tägl. 8.30–12.30 Uhr & 15–19.30 Uhr (So nur 9–12.30; 15. Juli–15. Aug geschl.) ▪ www.galerie-birkemeyer.com ▪ American Express, MasterCard, Visa
Zu Lederwaren gesellt sich Sportbekleidung internationaler Marken.

⑧ L'Orientaliste
Karte B5 ▪ 11 & 15 rue de la Liberté ▪ 0524 43 40 74 ▪ Juli & Aug geschl. ▪ MasterCard, Visa
Der Laden verkauft Schmuck, Teegläser und antike Möbel.

⑨ Atika Chaussures
Karte B5 ▪ 34 rue de la Liberté, Guéliz ▪ 0524 43 64 09 ▪ So geschl. ▪ Kreditkarten
In dem Laden sind Mokassins und leichte Halbschuhe in unterschiedlichsten Farben erhältlich.

⑩ Scènes du Lin
Karte B5 ▪ 70 rue de la Liberté ▪ 0524 43 61 08 ▪ Mo–Sa 9.30–13.30 Uhr & 15.30–19.30 Uhr; Aug geschl. ▪ www.scenesdelin.com ▪ MasterCard, Visa
Der Laden bietet Vorhänge mit Fès-Stickerei und ausgefallene Lampen.

Restaurants

Preiskategorien
Preis für ein Drei-Gänge-Menü pro Person mit einer halben Flasche Wein, inklusive Steuern und Service.

Dh unter 200 Dh
Dh Dh 200 – 400 Dh
Dh Dh Dh über 400 Dh

① Amal
Karte B4 ■ Rue Allal ben Ahmed, Guéliz ■ 0524 44 68 96 ■ tägl. 12 – 16 Uhr ■ www.amalnonprofit.org ■ keine Kreditkarten ■ Dh

Das Restaurant der Wohltätigkeitsorganisation bietet herzhafte Küche. Es gibt auch Kochkurse *(siehe S. 61)*.

② Grand Café de la Poste
Karte B5 ■ Ecke Blvd el-Mansour Eddahbi & Ave Imam Malik ■ 0524 43 30 38 ■ tägl. 8 – 13 Uhr ■ www.grandcafedelaposte.restaurant ■ Kreditkarten ■ Dh Dh

Die Einrichtung datiert größtenteils von 1925. Der Service ist oft mäßig.

③ Eveil Des Sens
Karte C5 ■ 32 rue Ibn Atya, Guéliz ■ 0524 45 86 17 ■ Dh

Das schlichte, kinderfreundliche Restaurant bietet Pizzas und Nudelgerichte zu guten Preisen.

④ La Trattoria Marrakech
Karte B5 ■ 179 rue Mohammed el-Bekal ■ 0524 43 26 41 ■ tägl. 12 – 15 Uhr & 19 – 24 Uhr ■ www.latrattoriamarrakech.com ■ MasterCard, Visa ■ Dh Dh

In dem exzellenten italienischen Restaurant speisen Gäste am Pool.

⑤ Kechmara
Karte B5 ■ 3 rue de la Liberté ■ 0524 42 25 32 ■ Mo – Sa 11.30 – 13 Uhr ■ www.kechmara.com ■ MasterCard, Visa ■ Dh

Das schicke Bar-Restaurant hat Pariser Flair *(siehe S. 56)*.

⑥ L'Annexe
Karte B4 ■ 4 rue Moulay Ali, Guéliz ■ 0524 43 40 10 ■ tägl. 12 – 14.30 Uhr & 19.30 – 23.30 Uhr (Sa mittags & So abends geschl.) ■ www.lannexemarrakech.com ■ Dh Dh

Das moderne Bistro serviert hervorragende französische Speisen.

⑦ Al Fassia
Karte B5 ■ 55 blvd Mohammed Zerktouni ■ 0524 43 40 60 ■ Mi – Mo 12 – 14.30 Uhr & 19.30 – 23 Uhr ■ www.alfassia.com ■ Kreditkarten ■ Dh Dh

Das exzellente Restaurant verfügt über einen Garten *(siehe S. 60)*.

⑧ Le Catanzaro
Karte B5 ■ 42 rue Tarik Bnou Ziad, Guéliz ■ 0524 43 37 31 ■ Mo – Sa 12 – 14.30 Uhr & 19.15 – 23 Uhr ■ Kreditkarten ■ Dh

Auf der Speisekarte stehen Pizza, Pasta und Steaks.

⑨ Café Les Négociants
Karte B5 ■ Ecke Ave Mohammed V & Blvd Mohammed Zerktouni ■ 0615 14 54 17 ■ tägl. 7 – 23 Uhr ■ keine Kreditkarten ■ Dh

Der gute, starke Kaffee ist beliebt.

⑩ Comptoir Darna
Karte C6 ■ Ave Echouhada ■ 0524 43 77 02 ■ tägl. 20 – 1 Uhr ■ MasterCard, Visa ■ www.comptoirmarrakech.com ■ Dh Dh

Neben exzellenten Speisen lockt der abendliche Barbetrieb *(siehe S. 56)*.

Das elegante Restaurant Kechmara

Siehe Karte S. 78

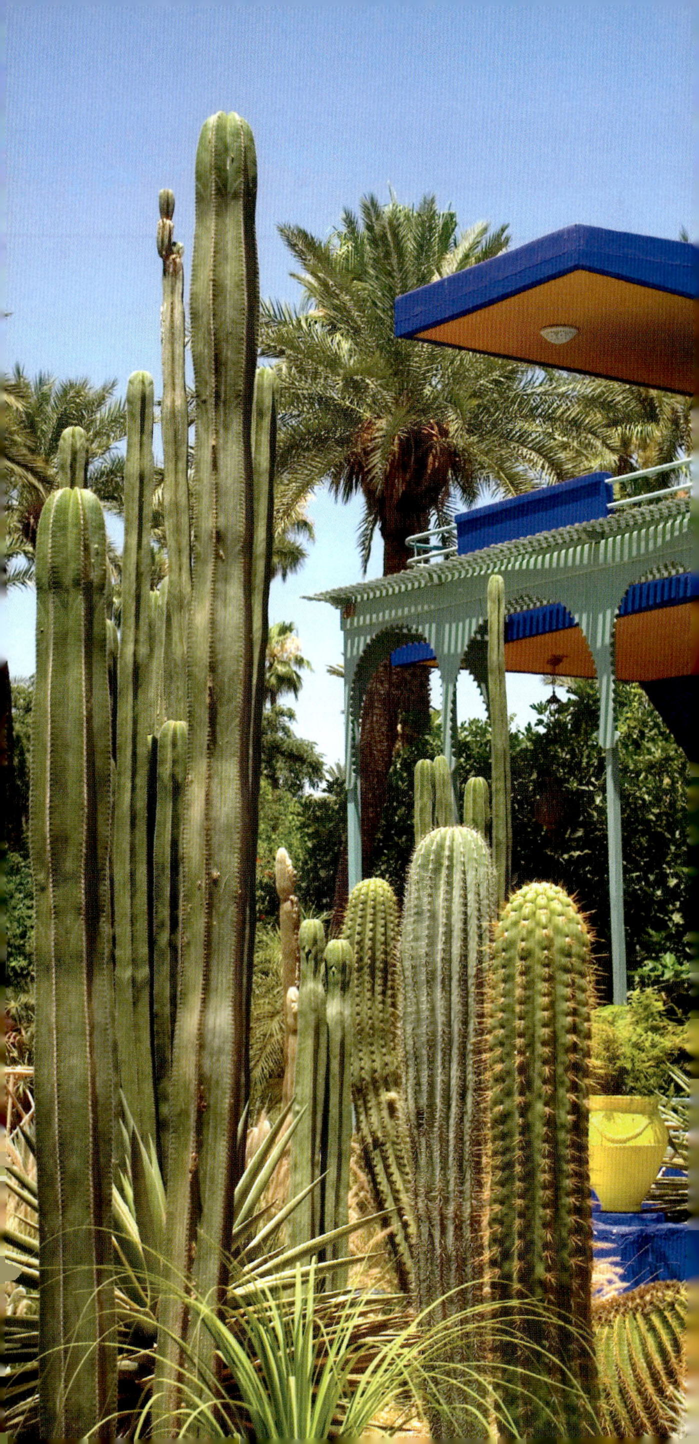

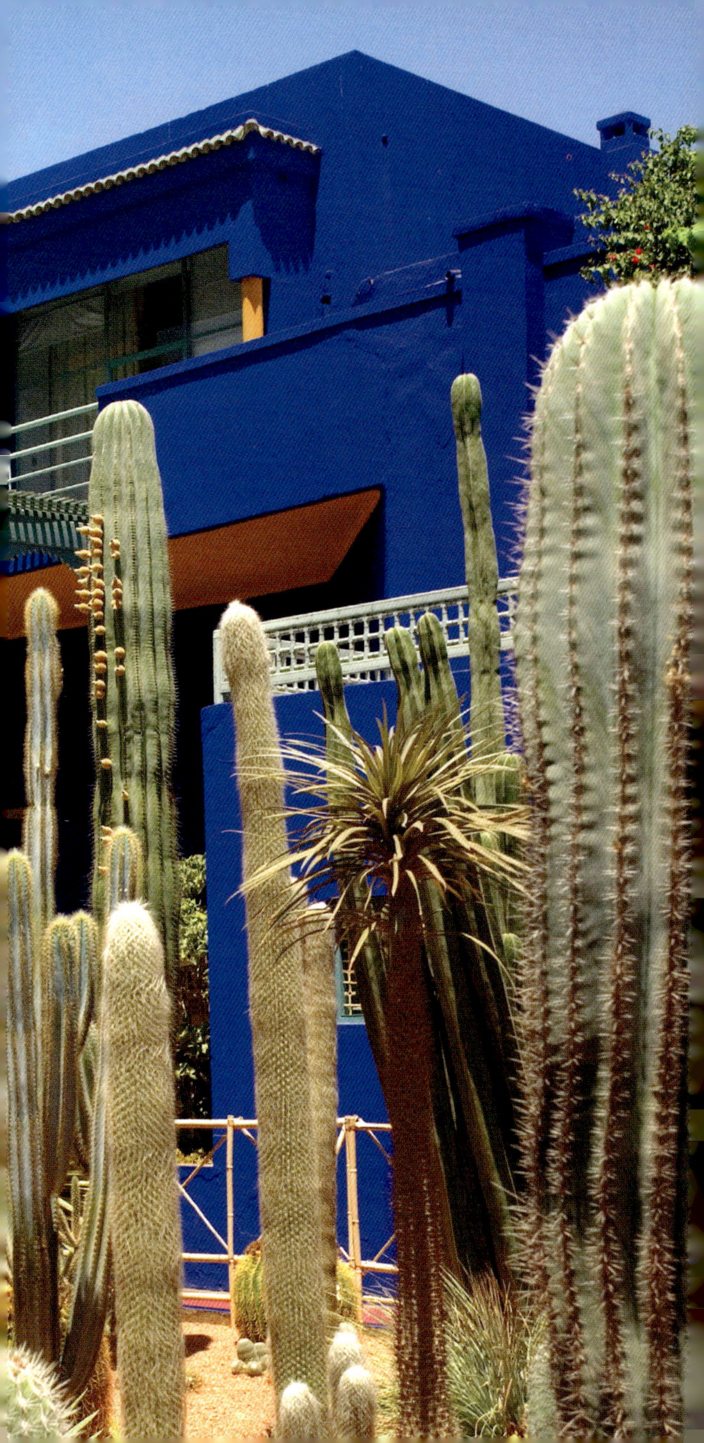

TOP 10 Essaouira

Die von Marrakech in zweieinhalb Stunden erreichbare Stadt am Atlantik erlebte im 18. und 19. Jahrhundert als wichtigster Hafen Nordafrikas eine Blütezeit, geriet im 20. Jahrhundert in Vergessenheit und wurde Ende der 1960er Jahre von den Hippies wiederentdeckt. Die ruhige Atmosphäre wird nur von der Ankunft der Fischerflotte am späten Nachmittag durchbrochen. Wegen der steten Brise wird Essaouira auch »Stadt der Winde« genannt.

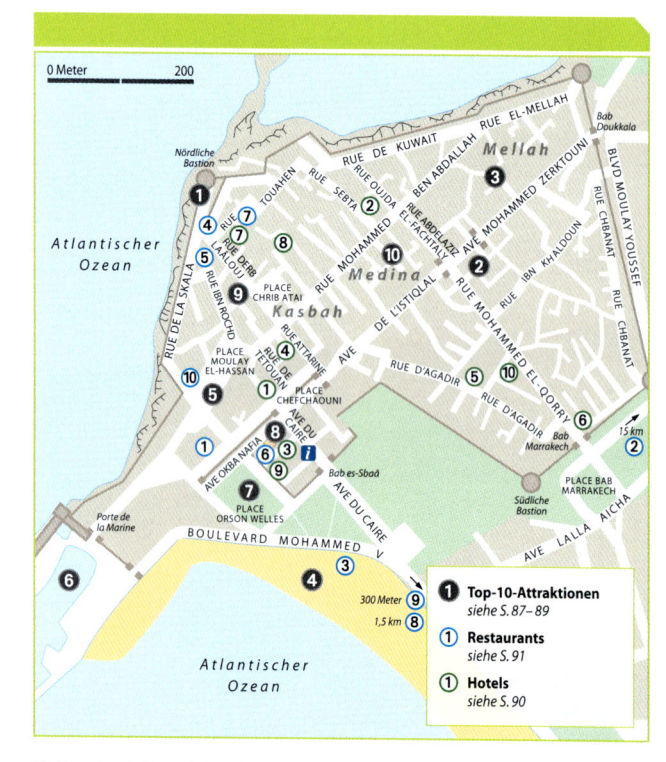

Kanone auf den Festungsanlagen

① Top-10-Attraktionen
siehe S. 87–89

① Restaurants
siehe S. 91

① Hotels
siehe S. 90

Vorhergehende Doppelseite Kakteen im Jardin Majorelle

Essaouira « **87**

1. Festungsanlagen
Karte N1

Die Wälle datieren von 1765. In jenem Jahr kaperte der Herrscher von Essaouira ein französisches Schiff und beauftragte einen unter den Passagieren befindlichen Architekten mit dem Umbau des Hafens. Ein Großteil der massiven Verteidigungsmauer ist erhalten. In dem Skala de la Ville genannten Abschnitt können Besucher auf der Mauer spazieren gehen und die Kanonen aus der Nähe betrachten.

Straßenverkäufer, Mellah

2. Souk Jdid
Karte P1

Der lebhafte Souk Jdid im Herzen der Medina wird durch zwei sich kreuzende Hauptstraßen in vier Viertel geteilt. Täglich wird ein Markt für Fisch, Gewürze und Getreide abgehalten. Auf dem als Joutia bekannten separaten Areal werden Secondhand-Artikel versteigert.

3. Mellah
Karte Q1

Im 18. und 19. Jahrhundert wurde die jüdische Gemeinde in Essaouira zur wichtigsten Wirtschaftsgruppe. Heute spielt jüdisches Leben in Essaouira keine Rolle mehr. Die Gassen an der Innenseite der Festungsmauern jenseits der Skala de la Ville führen in die Mellah, das verfallene jüdische Viertel. Die einstigen jüdischen Häuser sind an den Balkonen an ihren Fassaden erkennbar, teilweise sind noch hebräische Inschriften an den Fensterstürzen zu sehen.

4. Strand
Karte P3

Der südlich der Medina von Essaouira gelegene Strand zählt zu den schönsten Marokkos. Der an diesem Teil der Atlantikküste häufig stark wehende Wind sorgt für zuweilen unangenehme Kühle, die die Windsurfer und Scharen von Fußball spielenden Jungen aber nicht stört.

5. Place Moulay el-Hassan
Karte N2

Der an der Nordseite lang gezogene, schmale Platz weitet sich nach Süden zu einem großen Areal. Da er sich zwischen der Medina und dem Hafen befindet, ist er für jeden Besucher ein zentraler Anziehungspunkt. Die Cafés, die den Platz säumen, sind bei Einheimischen beliebt.

Glasierte Keramik, Souk Jdid

Fischerboote vor der Skala du Port, Hafen

6 Hafen
Karte N2

Der von der kleinen Festung Skala du Port bewachte Hafen ist noch vollständig in Betrieb. In der Werft werden Boote aus Holz gebaut. Nach Ankunft der Fischer zwischen 15 und 17 Uhr sorgt der täglich abgehaltene Markt für Leben. Besucher können zusehen, wie der Fang des Tages versteigert wird, und anschließend im hafennahen Bereich der Place Moulay el-Hassan frisch gegrillte Sardinen genießen.

7 Place Orson Welles
Karte N–P2

Der kleine parkähnliche Platz liegt zwischen der Medinamauer und dem Strand. Er ist nach dem berühmten Regisseur benannt, der 1949 in Essaouira seine Version von *Othello* drehte. Seither entstanden in und um Essaouira zahlreiche internationale Filme, darunter die Monumentalwerke *Alexander* von Oliver Stone und *Königreich der Himmel* von Ridley Scott.

Denkmal für Orson Welles

8 Galerie Damgaard
Karte P2 ■ Ave Okba Bin Nafia, Medina ■ 0524 78 44 46 ■ tägl. 9–13 Uhr & 15–19 Uhr

Dank der Schaffenskraft einer ganzen Generation von Malern und Bildhauern ist Essaouira seit ungefähr einem Vierteljahrhundert ein bedeutendes Kunstzentrum. Der dänische Kunsthistoriker Frédéric Damgaard, der ursprüngliche Besitzer der Galerie, verhalf vielen einheimischen Künstlern zu Bekanntheit.

9 Musée Sidi Mohamed ben Abdellah
Karte N1 ■ Rue derb Laâlouj, Medina ■ 0524 47 53 00 ■ Mi–Mo 8.30–18.30 Uhr

Das kleine ethnografische Museum ist im ehemaligen Rathaus aus dem 19. Jahrhundert untergebracht. Es präsentiert antike

Essaouira « 89

Kunsthandwerksprodukte, Waffen und Schmuck sowie von religiösen Bruderschaften verwendete Musikinstrumente und Utensilien. Auch faszinierende Trachten von Juden und Berbern sind ausgestellt.

⑩ Medina
Karte P2

Wie in Marrakech ist die Altstadt von Essaouira ein Labyrinth schmaler Gassen. Die Orientierung in der Medina fällt jedoch leicht, da diese von einer langen, geraden Straße durchzogen wird, die – unter drei verschiedenen Namen – vom Hafen bis zum nördlichen Tor Bab Doukkala führt.

Gasse in der Medina

Musikstadt Essaouira

Ende der 1960er Jahre war Essaouira Treffpunkt der Hippies. Jimi Hendrix und Frank Zappa besuchten die Stadt, Cat Stevens, heute Yusuf Islam, weilt bis heute jeden Sommer in Essaouira. Im jährlich veranstalteten Essaouira Festival Gnaoua & World Music lebt die Hippie-Tradition fort: Die »größte Jamsession der Welt« lockt Musiker verschiedenster Nationen an.

Spaziergang

▶ Vormittags

Essaouira ist ein gutes Ziel für einen Tagesausflug ab Marrakech, lohnt aber auch einen längeren Aufenthalt. Wer frühmorgens den CTM-Bus von der *gare routière,* den Supratours-Bus (8.30 Uhr) oder ein *grand taxi* (siehe S. 106) hinter dem Busbahnhof nimmt, erreicht Essaouira zwischen 10 und 11 Uhr. Vom **Bab Marrakech** führt die **Rue Mohammed el-Qorry** zur Hauptkreuzung der Medina und damit mitten in die Souks. Im Süden der **Avenue de L'Istiqlal** liegt rechter Hand die Einkaufsstraße **Rue Attarine**. Von dort führt die erste Straße links zur **Place Moulay el-Hassan**, an der viele Cafés liegen. Südlich liegt der **Hafen**, wo man mittags gegrillte Sardinen probieren kann.

Nachmittags

Zurück an der Place Moulay el-Hassan biegen Sie am Restaurant **Taros** *(siehe S. 91)* links in die **Rue de la Skala** ein, die an der Innenseite der hohen Meeresmauer verläuft. Auf der schmalen Straße gelangen Sie an einigen Holzwerkstätten vorbei zu einer Rampe, die auf die **Festungsanlagen** hinaufführt. Genießen Sie den herrlichen Ausblick und spazieren Sie weiter in das alte jüdische Viertel **Mellah**, wieder zurück in die Souks und auf der Avenue de L'Istiqlal nach Süden. Links führen die Avenue du Caire zum Bab Sbaâ, dort liegt rechts der Strand. Im **Chalet de la Plage** können Sie ein Abendessen mit Blick auf das Meer genießen.

Siehe Karte S. 86

Hotels

Innenhof im Boutiquehotel Villa Maroc

① Villa Maroc
Karte P2 ▪ 10 rue Abdellah ben Yassine ▪ 0524 47 31 47 ▪ www.villa-maroc.com ▪ ⓓ ⓓ
Essaouiras erstes Boutiquehotel besteht aus vier Häusern. Der Ausblick von den Dachterrassen ist grandios.

② Dar Maya
Karte P1 ▪ Rue d'Oujda ▪ 0524 78 56 87 ▪ www.riaddarmaya.com ▪ ⓓ ⓓ
Die britischen Betreiber bieten fünf Zimmer, eine Dachterrasse mit beheiztem Pool und einen *hammam*.

③ Palazzo Desdemona
Karte P2 ▪ 12–14 rue Youssef el-Fassi ▪ 0524 47 22 27 ▪ www.palazzodesdemona.com ▪ ⓓ
Die Zimmer haben verschiedene Größen, das Ambiente bezaubert.

④ Riad Al Madina
Karte P2 ▪ 9 rue Attarine ▪ 0524 47 59 07 ▪ www.riadalmadina.com ▪ ⓓ
Das ehemalige Hippie-Café, das Jimi Hendrix angeblich oft besuchte, ist heute ein reizender Riad.

⑤ Riad Nakhla
Karte P2 ▪ 12 rue d'Agadir ▪ 0524 47 52 30 ▪ www.riadnakhla.com
Alle Zimmer sind mit Bad. Im Hof plätschert ein Brunnen, die Dachterrasse ist großartig.

⑥ L'Heure Bleue
Karte Q2 ▪ 2 rue Ibn Batouta ▪ 0524 78 34 34 ▪ www.heure-bleue.com ▪ ⓓ ⓓ ⓓ
Das Haus mit Pool, Spa und Restaurant gehört der Luxushotelvereinigung Relais & Châteaux an.

⑦ Dar Adul
Karte N1 ▪ 63 rue Touahen ▪ 0524 47 39 10 ▪ www.daradul.com ▪ ⓓ
Neben sieben gemütlichen Zimmern ist eine Dachterrasse vorhanden.

⑧ Riad Malaïka
Karte P1 ▪ Rue Zayan ▪ 0524 78 49 08 ▪ www.riad-essaouira-malaika.com ▪ ⓓ
Die Zimmer in dem wunderschönen, 300 Jahre alten Riad sind klein, aber hübsch. Es gibt eine Dachterrasse.

⑨ Madada Mogador
Karte P2 ▪ Rue Youssef el-Fassi ▪ 0524 47 55 12 ▪ www.madada.com ▪ ⓓ ⓓ
Das Haus bietet Blick auf die Place Orson Welles und den Strand, große Zimmer und eine Dachterrasse.

⑩ Lalla Mira
Karte Q2 ▪ 14 rue d'Algérie ▪ 0524 47 50 46 ▪ www.lallamirableue.com ▪ ⓓ
Zum Haus gehören eine Farm und ein Bio-Restaurant. Gäste können den benachbarten *hammam* nutzen.

Siehe Karte S. 86

Restaurants

Preiskategorien
Preis für ein Drei-Gänge-Menü pro Person mit einer halben Flasche Wein, inklusive Steuern und Service.
Dh unter 200 Dh   Dh Dh 200–400 Dh
Dh Dh Dh über 400 Dh

1 Fischstände am Hafen
Karte N2 ▪ Place Moulay el-Hassan ▪ Dh

In Essaouira kommt der Tagesfang direkt vom Boot auf die Grills der Stände, die im hafennahen Bereich der Place Moulay el-Hassan stehen.

2 La Fromagerie
Douar Larabe, Route Côtière de Safi ▪ 0666 23 35 34 ▪ tägl. 12–24 Uhr ▪ Dh Dh

Das an einem Hang gelegene Lokal ist von der Medina in zehn Minuten mit dem Taxi zu erreichen. Sämtliche Gerichte enthalten hausgemachten Käse.

3 Le Chalet de la Plage
Karte P3 ▪ Blvd Mohammed V ▪ 0524 47 59 72 ▪ tägl. 7.30–23 Uhr ▪ www.lechaletdelaplage.com ▪ Dh Dh

In dem Restaurant genießen Gäste exzellentes Seafood in traumhafter Lage direkt am Strand.

4 Les Alizés Mogador
Karte N1 ▪ 26 rue de la Skala ▪ 0524 47 68 19 ▪ tägl. 12–15.30 Uhr & 19.30–23 Uhr ▪ Dh

Das Lokal serviert üppige Portionen einheimischer Gerichte.

5 Umia
Karte N2 ▪ 22 rue de la Skala ▪ 0524 78 33 95 ▪ tägl. 13–15 Uhr & 19–21.30 Uhr ▪ Dh Dh

Das französische Restaurant lockt mit Hummerravioli und Schokoladenfondue.

6 La Table Madada
Das Restaurant des herrlich gemütlichen Riads Madada Mogador (siehe S. 90) bietet zeitgenössische marokkanische Küche – mit Fisch und Seafood aus dem Atlantik und frischem Bauerngemüse.

7 Triskala Café
Karte N1 ▪ Rue Touahen ▪ 0634 11 84 90 ▪ Mo–Sa 6.30–22 Uhr ▪ Dh

Das Café befindet sich in überwölbten Räumen in der zum Meer weisenden Festungsmauer. Es bietet täglich wechselnde vegetarische und vegane Speisen sowie Fischgerichte.

8 Zahra's Grill
Karte N2 ▪ Rue Amira Lalla Meriem ▪ 0524 47 48 22 ▪ tägl. 13–15 Uhr & 19–21.30 Uhr; Mitte Nov–Mitte März geschl. ▪ www.riadzahra.com ▪ Dh Dh

Das Seafood – von Oktopussalat bis Hummerrisotto – ist köstlich.

9 Côte Plage
Karte Q3 ▪ Blvd Mohammed V ▪ 0524 47 90 00 ▪ Dh Dh Dh

Das zum Le Medina Essaouira Hotel Thalassa Sea & Spa-MGallery gehörende Restaurant serviert exzellente Tapas und Grillgerichte.

10 Taros
Karte N2 ▪ Place Moulay el-Hassan ▪ 0675 62 95 99 ▪ Mo–Sa 10–24 Uhr ▪ www.tarosessaouira.odns.fr ▪ Kreditkarten ▪ Dh Dh

Mit Blick auf das Meer genießt man marokkanisch-französische Küche.

Dachterrasse, Taros

ての **Tizi-n'Test-Pass**

Der westliche der beiden großen Pässe über das Atlasgebirge bildet den höchstgelegenen Streckenabschnitt der Überlandstraße R203 nach Taroudant. Taroudant liegt nur 223 Kilometer von Marrakech entfernt, die anspruchsvolle Strecke erfordert aber ca. fünf Stunden Fahrtzeit. Viele Sehenswürdigkeiten liegen am Weg. Neben Mietwagen und *grand taxis* kann man Fernbusse wählen, die jeden Morgen gen Süden von Marrakech abfahren. Dabei spart ein Umsteigen in Agadir Zeit.

Historische Moschee Tin Mal

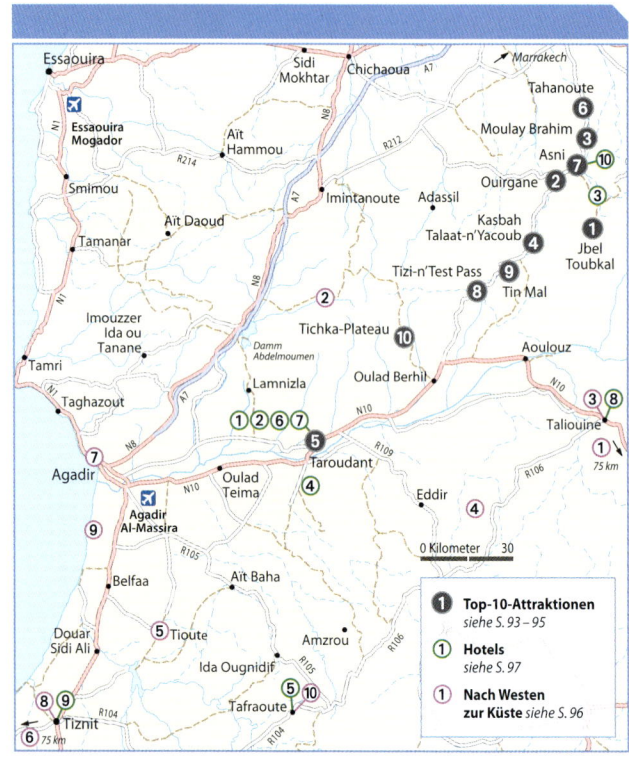

① **Top-10-Attraktionen**
siehe S. 93–95

① **Hotels**
siehe S. 97

① **Nach Westen zur Küste** siehe S. 96

Der schneebedeckte Gipfel des Jbel Toubkal

① Jbel Toubkal
Karte C2 ■ Bureau des guides: 0524 48 56 26

Das über die linke Abzweigung der Straße bei Asni erreichbare Dorf Imlil liegt am Fuß des Jbel Toubkal, des höchsten Bergs Nordafrikas. Das *bureau des guides* im Dorfzentrum stellt Bergführer bereit. Die am Berg gelegene Kasbah du Toubkal (siehe S. 97) bietet Unterkunft.

② Ouirgane
Karte C2

Das von Bäumen beschattete Dorf liegt 16 Kilometer südlich von Asni im Tal oberhalb des Flusses Oued Nifis. Es ist Standort eines jüdischen Schreins sowie einer modernen und einer traditionellen Salzfabrik. Das Dorf ist ein guter Ausgangspunkt für Wanderungen, Mountainbike-Touren oder Ausritte ins Atlasgebirge.

③ Moulay Brahim
Karte C2

Südlich von Tahanoute führt die Straße nach Moulay Brahim hinauf. Der grün überdachte Schrein des Ortsheiligen im Zentrum des Dorfs steht nur Muslimen offen.

④ Kasbah Talaat-n'Yacoub
Karte C2

Südlich von Ouirgane führt der Tizi-n'Test-Pass durch eine öde Felslandschaft bergauf. Nach der Fahrt durch die kleine Berbersiedlung Ijoujak ist rechter Hand die auf einem Berggipfel liegende Kasbah Talaat-n'Yacoub zu sehen, die einst den Goundafi-Berbern als Festung diente. Die Goundafi kontrollierten den Gebirgspass, bis sie im frühen 20. Jahrhundert von den Franzosen unterworfen wurden.

⑤ Taroudant
Karte B2

Taroudant erlebte durch Goldhändler, die die Sahara durchquerten, eine Blütezeit. Im 16. Jahrhundert war es Hauptstadt der Saadier-Dynastie. Heute wirkt die kleine, verschlafene Stadt mit der rötlich gelben Stadtmauer wie eine Kopie von Marrakech. Ein dreibogiges, von den Saadiern errichtetes Tor führt in die schöne Kasbah. In Taroudant gibt es einige Gerbereien und zwei exzellente Souks.

Souk in Taroudant

Markt in Tahanoute

⑥ Tahanoute
Karte C1

Die roten Lehmhäuser des alten Dorfs, eines 20 Minuten südlich von Marrakech gelegenen Verwaltungszentrums, umringen einen massiven Felsen, der den Schrein von Sidi Mohammed el-Kebir birgt. An Mouloud, dem Geburtstag des Propheten, wird el-Kebir mit einem Festival geehrt. Tahanoute war 1958 Motiv des letzten Gemäldes, das Winston Churchill vor seinem Tod schuf. Dienstags wird ein Markt abgehalten.

⑦ Asni
Karte C2

Bei Asni gabelt sich der Gebirgspass. Er führt links zu dem Dorf Imlil und den Kasbahs Tamadot und Toubkal (siehe S. 63). Der Jbel Toubkal beherrscht den Blick nach Westen. In Asni selbst gibt es wenig zu entdecken. Einige Läden verkaufen Schmuck und Nippes, allerdings zu höheren Preisen als in Marrakech. Der samstags abgehaltene Markt ist der größte in der Atlasregion.

⑧ Tizi-n'Test-Pass
Karte B2

Wie sehr man die Fahrt auf dem 2092 Meter hoch gelegenen Pass genießt, hängt auch davon ab, ob man selbst am Steuer sitzt oder Passagier ist. Fahrer müssen sich auf die enge Straße ohne Leitplanken und mit unzähligen Haarnadelkurven konzentrieren – ohne Möglichkeit, die spektakuläre Aussicht zu beachten. Passagiere können dagegen den herrlichen Blick über die Ebene von Sous nach Süden bewundern. Souvenirstände und Cafés am Weg bieten Fahrern bei einer Rast Gelegenheit, das Panorama zu genießen. Im Winter ist der Pass nach Schneefällen oft zeitweise gesperrt.

⑨ Tin Mal
Karte C2 ▪ Eintritt

Hauptattraktion ist die unter den Almohaden (siehe S. 38) errichtete Moschee. Im 12. Jahrhundert war Tin Mal Zentrum eines Bergreichs, zu dem sich mehrere, eine militante Form des Islam vertretende Berber-

Das Bergdorf Asni

Arganöl

Die wertvollen Arganbäume – sie ähneln Olivenbäumen – wachsen nur in Südwest-Marokko. Das Arganöl wird aus den gerösteten Mandeln der Fruchtkerne gepresst. Es wird von Einheimischen für medizinische und kosmetische Zwecke sowie als Massageöl verwendet. In Speisen ist es köstliche Zutat, wenn es zum Beispiel über Couscous geträufelt wird.

---

gruppen zusammengeschlossen hatten. Die 1144 aus dem Reich entsandte Armee belagerte Marrakech und nahm dann den Rest Marokkos ein. Die schlichte Tin-Mal-Moschee war bauliches Vorbild für die imposante Koutoubia-Moschee in Marrakech. Auch wenn sie kein Dach mehr hat, wird sie noch immer von Gläubigen zum Freitagsgebet aufgesucht. Samstags bis montags kann die Moschee auch von Nicht-Muslimen besichtigt werden.

⑩ Tichka-Plateau
Karte B2

Das im Hochland nördlich von Taroudant gelegene Plateau lädt vor allem im Frühjahr, wenn auf den Wiesen die Wildblumen blühen, zu Wanderungen ein. Es empfiehlt sich, im *bureau des guides* in Imlil *(siehe S. 93)* einen qualifizierten Führer zu buchen.

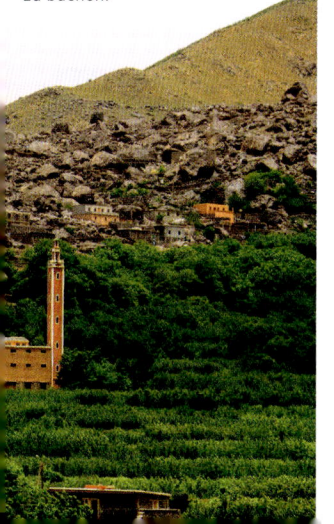

Spaziergang in Taroudant

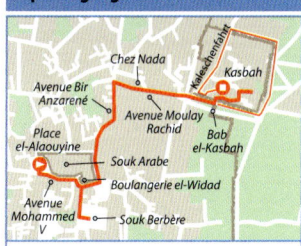

▶ Vormittags

Der Spaziergang führt durch **Taroudant**, das auf den ersten Blick einem leicht baufälligen Marrakech gleicht, jedoch eher afrikanischen als arabischen Charakter hat. Anders als die meisten Städte Marokkos war es nie von Franzosen besetzt und besitzt kein europäisches Viertel. Südlich der **Place el-Alaouyine**, der Bername ist Place Assarag, führt die **Avenue Mohammed V** nach Osten zu den Antiquitätenläden im **Souk Arabe**. Die am Rand des Souk gelegene **Boulangerie el-Widad** verkauft gutes marokkanisches Gebäck. Südlich der Hauptstraße liegt auf der anderen Seite der Place el-Nasr der Obst- und Gemüsemarkt **Souk Berbère**. Gehen Sie auf der **Ave Bir Anzarené** zurück nach Norden und biegen Sie rechts in die **Avenue Moulay Rachid** ein. **Chez Nada** serviert köstliche Tajines.

Nachmittags

Auf der Avenue Moulay Rachid nach Osten erreicht man über einen Weg unter Orangenbäumen das dreibogige, von den Saadiern erbaute Tor **Bab el-Kasbah**. Die sich hinter einer Mauer erstreckende **Kasbah** wurde von Mohammed ech-Cheikh erbaut, der sie zur Hauptstadt des Saadier-Reichs machte. Im heute ärmsten Viertel der Stadt befindet sich der einstige Gouverneurspalast. Stärken Sie sich in einem der Cafés. Kehren Sie zum Bab el-Kasbah zurück und lassen Sie sich gegen geringes Entgelt mit einer Kalesche um die Stadtmauer zurück zur Place el-Alaouyine fahren.

Siehe Karte S. 92

Nach Westen zur Küste

① Taznakht
Karte C2

Die für die vom Stamm der Ouaouzgite gefertigten Teppiche bekannte Stadt liegt am Fuß des Jbel Siroua.

② Atlasgebirge
Karte B2

Den 3555 Meter hohen Jbel Aoulime und die anderen Gipfel des westlichen Hohen Atlas erreicht man über die Straße nördlich von Taroudant.

③ Taliouine
Karte C2

Die verfallene Kasbah in Taliouine gehörte einst dem Glaoui-Clan *(siehe S. 39 & S. 100)*. Nahebei liegt das größte Safrananbaugebiet der Welt.

④ Antiatlas
Karte C3

Wo die R106 von Taliouine bei Kilometer 94 den Antiatlas überquert, liegt Igherm. Frauen des Bergdorfs sind traditionell schwarz gekleidet und tragen bunte Stirnbänder.

Kasbah, Tioute

⑤ Kasbah in Tioute
Karte B3

Die imposante Kasbah ragt rund 37 Kilometer südöstlich von Taroudant inmitten eines Palmenhains auf. Sie birgt ein Restaurant. 1954 diente sie in dem Film *Ali Baba und die vierzig Räuber* als Kulisse.

Gebäude in Sidi Ifni

⑥ Sidi Ifni

Hinter Tiznit führt die Küstenstraße in die am Rand eines Felsplateaus über dem Atlantik gelegene Stadt im Kolonialstil.

⑦ Agadir
Karte A3 ■ Information:
Ave du Prince Moulay Abdallah,
0528 84 63 77

Agadir wurde nach dem Erdbeben von 1960 mit Unterstützung vieler Nationen wieder aufgebaut. Der fehlende Charme des Ferienorts wird durch die herrlichen Strände wettgemacht.

⑧ Tiznit
Karte A3

Die von einer rosafarbenen *Pisé*-Mauer umgebene kleine Stadt prägt sowohl der Atlantik als auch die Wüste. Den zentralen *Méchouar*-Platz säumen Cafés und Läden.

⑨ Parc National de Sous Massa
Karte A3

Der Nationalpark am Wadi Massa schützt u. a. die Lebensräume von Flamingos und des gefährdeten Waldrapps.

⑩ Tafraoute
Karte B3

Tafraoute liegt im Antiatlas auf 1200 Metern Höhe. In dem herrlichen Tal wachsen Palmen und Mandelbäume, die im Februar mit rosafarbenen und weißen Blüten bedeckt sind.

Siehe Karte S. 92

Hotels

> **Preiskategorien**
> Für ein Standard-Doppelzimmer pro Nacht mit Frühstück (falls inklusive), Steuern und Service.
> ⓓʰ unter 1200 Dh   ⓓʰ ⓓʰ 1200 – 2500 Dh
> ⓓʰ ⓓʰ ⓓʰ über 2500 Dh

① Le Palais Oumensour
Karte B2 ▪ Burj el-Mansour Oumensour Tadjount, Taroudant ▪ 0528 55 02 15 ▪ www.palaisoumensour.com ▪ keine Kreditkarten ▪ ⓓʰ

Das Hotel mit schicken, gemütlichen Zimmern liegt ideal für Spaziergänge durch Taroudant.

② Hôtel Dar Zitoune
Karte B2 ▪ Boutarial el-Barrania, Taroudant ▪ 0528 55 11 41 ▪ www.darzitoune.com ▪ ⓓʰ ⓓʰ

Die einem Berberdorf nachempfundene Anlage mit großem Pool bietet Suiten, Bungalows und Wohnzelte.

③ Kasbah du Toubkal
Karte C2 ▪ BP31, Imlil ▪ 0524 48 56 11 ▪ www.kasbahdutoubkal.com ▪ ⓓʰ ⓓʰ

Die wunderschön restaurierte Kasbah ist eine exzellente Ausgangsbasis für Wanderungen *(siehe S. 63)*.

④ Riad Ain Khadra
Karte B2 ▪ Route d'Agadir, Taroudant ▪ 0528 85 41 42 ▪ www.riad-ain-khadra.com ▪ keine Kreditkarten ▪ ⓓʰ

Die fünf Zimmer und drei Suiten des bezaubernden Riad gruppieren sich um einen Innenhof mit Pool.

⑤ L'Arganier d'Ammelne
Karte B3 ▪ Route d'Agadir, Tafraoute ▪ 0661 92 60 64 ▪ ⓓʰ

Das mit dem Auto von Tafraoute rasch zu erreichende Hotel bietet Zimmer mit Bad und Klimaanlage, eine Terrasse und einen Garten. Auf der Anlage gibt es Campingmöglichkeiten.

⑥ Domaine Villa Talaa Resort
Karte B2 ▪ Taroudant ▪ 0621 70 20 90 ▪ ⓓʰ

Das Hotel liegt eine zehnminütige Autofahrt von Taroudant entfernt. Die elf Zimmer bieten Veranden mit Blick auf den Garten und den Pool.

⑦ Dar Fatima
Karte B2 ▪ Tasoukt Tighzifn, Taroudant ▪ 0661 60 66 22 ▪ www.darfatima.com ▪ ⓓʰ

Von der Dachterrasse des im Ortszentrum gelegenen Riad eröffnet sich eine herrliche Aussicht.

⑧ Escale Rando
Karte C2 ▪ Taliouine ▪ 0528 53 46 00 ▪ www.escalerando.com ▪ ⓓʰ

Die schlichten, funktional eingerichteten Zimmer befinden sich in einer Kasbah. Die Hauseigentümer organisieren geführte Wanderungen und Ausflüge.

⑨ Hotel Idou Tiznit
Karte A3 ▪ Ave Hassan II, Tiznit ▪ 0528 60 03 33 ▪ Kreditkarten ▪ ⓓʰ

Das schlichte Hotel in guter Lage spricht preisbewusste Reisende an.

⑩ Kasbah Tamadot
Karte C2 ▪ BP67, Asni ▪ 0524 36 82 00 ▪ www.virginlimitededition.com/kasbah-tamadot ▪ ⓓʰ ⓓʰ ⓓʰ

Eigentümer des exklusiven, idyllisch im Vorgebirge des Atlas gelegenen Komplexes ist der britische Unternehmer Richard Branson.

Kasbah Tamadot

98 » Abstecher

TOP 10 Tizi-n'Tichka-Pass

Die Autobahn N9 führt als höchster Pass Marokkos von Marrakech gen Südosten über den Atlas nach Ouarzazate, dem Tor zur Sahara. Zu den Sehenswürdigkeiten an der Route zählen die Kasbahs von Telouet und Aït Benhaddou. Die Strecke ist zwar nur 196 Kilometer lang und in gutem Zustand, erfordert aber vorsichtiges Fahren – ohne Zwischenstopps sind vier Stunden einzuplanen. Fahrten sind mit *grand taxis*, Mietwagen, den täglichen Bussen nach Ouarzazate von Marrakechs Busbahnhof oder dem Veranstalter Supratours möglich. Im Winter ist der Pass nach Schneefällen oft zeitweise gesperrt.

Kamel

1 Aït Ourir
Karte C1

Die geschäftige kleine Stadt liegt 35 Kilometer von Marrakech entfernt. Der freitägliche Markt, auf dem mit Kamelen, Schafen und regionalen Erzeugnissen gehandelt wird, verleiht ihr besonderen Charme. Vor allem an diesem Tag lohnt ein einstündiger Zwischenstopp.

2 Kasbah Taourirt
Karte D2 ▪ tägl. 8–18.30 Uhr
▪ Eintritt

Die Kasbah, die einst der Glaoui-Familie gehörte, ist das Wahrzeichen von Ouarzazate. Sie ist teils noch bewohnt, teils wurde sie von der UNESCO restauriert. Die Gassen vermitteln einen Eindruck vom Alltag im 19. Jahrhundert.

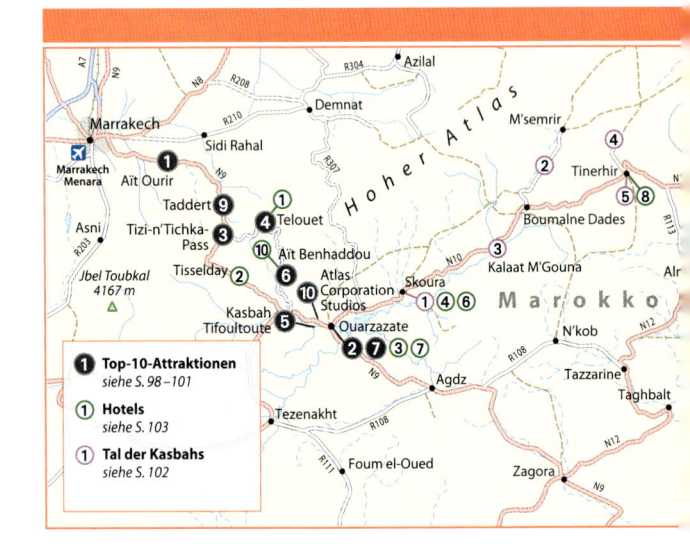

① **Top-10-Attraktionen**
siehe S. 98–101

① **Hotels**
siehe S. 103

① **Tal der Kasbahs**
siehe S. 102

Tizi-n'Tichka-Pass « 99

Der serpentinenreiche Tizi-n'Tichka-Pass

③ Tizi-n'Tichka-Pass
Karte C2

Hinter Taddert erstreckt sich eine malerisch karge, zerklüftete Landschaft. Die steil abfallenden Berghänge neben der serpentinenreichen Straße fordern von Fahrern größte Konzentration. Am höchsten Punkt, auf 2260 Metern, verkaufen Stände mineralhaltige Steine aus der Region. Auseinandergeschlagen, geben diese im Inneren Kristallformationen frei. Einige Steine sind Fälschungen.

④ Kasbah Telouet
Karte C2 ▪ Eintritt

Telouet war Stützpunkt der Glaoui-Familie, die im frühen 20. Jahrhundert mit Billigung der Franzosen über Südmarokko herrschte. Die eindrucksvolle Kasbah des Dorfs ist seit rund 50 Jahren verlassen. Ein Großteil der Anlage ist verfallen und einsturzgefährdet. Besucher können aber den reich verzierten Empfangssaal besichtigen und auf der Dachterrasse die wunderbare Aussicht genießen.

⑤ Kasbah Tifoultoute
Karte D2 ▪ tägl. 8–17 Uhr

Die Kasbah Tifoultoute gehörte einst der Glaoui-Familie. Sie ist zum Teil verfallen, eine Sektion wurde jedoch wieder aufgebaut und dient als Hotel und Restaurant. Die Kasbah ist am Rand von Ouarzazate wunderschön gelegen.

Kasbah Tifoultoute

Thami el-Glaoui

1839 rettete die aus Telouet stammende Glaoui-Familie Sultan Moulay el-Hassan und seine Armee vor einem Sandsturm und wurde dafür belohnt. Danach profitierte sie von Frankreichs Machtübernahme. Thami el-Glaoui unterstützte als äußerst mächtiger *pasha* die Franzosen und war deshalb verhasst. Er starb kurz nachdem Marokko 1956 die Unabhängigkeit erlangt hatte.

Ouarzazate

⑥ Aït Benhaddou
Karte D2

Die UNESCO-Welterbestätte zählt zu den besterhaltenen Kasbahs in der Region. Da sie bei Filmproduzenten als Kulisse äußerst beliebt ist, gehört sie auch zu den berühmtesten. Aït Benhaddou wurde in Dutzenden Filmen verewigt. Sie ist zum Beispiel in *Lawrence von Arabien*, *Die letzte Versuchung Christi*, *Die Mumie*, *Gladiator* und *Alexander* zu sehen. Der Reiz beruht nicht zuletzt auf der malerischen Lage: Die Kasbah erstreckt sich an einem Berghang neben dem Fluss Ouarzazate. Sie ist zum Teil noch bewohnt: Zehn Familien leben in Aït Benhaddou.

⑦ Ouarzazate
Karte D2 ■ **Information: 0524 88 23 66**

Das »Tor zur Sahara« – ausgesprochen wird der Name »uor-sasat« – ist eine Stadt mit rund 70 000 Einwohnern. Die meisten Besucher planen für Ouarzazate mindestens eine Übernachtung ein, bevor sie weiter nach Süden in die Wüste oder nach Osten zur Dadès-Schlucht *(siehe S. 102)* reisen. Die Zahl der Hotels und deren Qualität steigen stetig. Ouarzazate bietet viele Aktivitäten, darunter Wüstensafaris und Quad-Touren. Auch die in der Stadt ansässigen Atlas Corporation Studios *(siehe S. 101)* lohnen den Besuch.

Aït Benhaddou

Tizi-n'Tichka-Pass « 101

⑧ Tal der Kasbahs

Von Ouarzazate führt eine Straße durch das von Oasen durchsetze Skoura-Tal, in dem sich zahlreiche antike Festungen befinden – daher auch die Bezeichnung »Tal der Kasbahs« *(siehe S.102)*. Die Straße endet im 562 Kilometer von Marrakech entfernten Merzouga. Zwischen dieser Stadt und der Grenze zu Algerien findet man nur noch Sanddünen vor.

⑨ Taddert
Karte C1

Hinter Aït Ourir ist das letzte Dorf vor der Passstrecke das betriebsame Taddert. Im höher gelegenen Ortsteil bieten gute Cafés Blick über das Tal. Ist der Pass wegen schlechten Wetters gesperrt, stoppt in dem Dorf eine Schranke den Verkehr.

Blick ins Tal von Taddert

⑩ Atlas Corporation Studios
Karte D2 ■ Besichtigung an drehfreien Tagen möglich; Informationen im Hotel Oscar auf der Anlage ■ Eintritt

Ouarzazate ist das Zentrum der marokkanischen Filmindustrie. Die sechs Kilometer nördlich der Stadt gelegenen Atlas Corporation Studios wurden mit Sets, Tonstudios und der nötigen Infrastruktur versehen. Hier wurden u.a. *Die Mumie, Gladiator, Königreich der Himmel, Babel* und *Der Baader Meinhof Komplex* gedreht. Interessant sind auch Kulissen wie die ägyptischen Tempel für die französische Produktion *Asterix & Obelix: Mission Kleopatra*. Shuttle-Busse fahren von der Avenue Mohammed V zu den Studios.

Wüstentour

▶ Tag 1

Für die Tour in die Wüste nehmen Sie von **Ouarzazate** die Straße, die südwärts durch das **Drâa-Tal** zur Verwaltungsstadt **Zagora** führt. Nach ca. vier Stunden erreicht man hinter dem Marktort Agdz das zehn Minuten von der Hauptstraße entfernte *ksar* (befestigtes Dorf) **Tamnougalt**, das einen Abstecher lohnt. Weiter südlich liegt die **Kasbah Timiderte** aus der Zeit der Glaoui. Zagora selbst wird vom **Jbel Zagora** dominiert. Mittwochs und sonntags werden auf dem Markt in der Region geerntete Datteln verkauft. Weiter südlich liegen das hübsche Dorf **Amezrou** und in dessen Nähe die Kasbah des Juifs, die schon lange nicht mehr von Juden, sondern von Berber-Silberschmieden bewohnt wird. Am Stadtrand steht Zagoras Hauptattraktion: ein Schild mit einer Kamelkarawane und der Aufschrift »Timbuktu, 52 Tage«.

Tag 2

Das Dorf **M'Hamid** liegt 96 Kilometer südlich von Zagora. Unterwegs können Nicht-Muslime zwar nicht die Moschee und den Schrein von **Tamegroute**, jedoch die Bibliothek mit der Sammlung alter Handschriften besichtigen. Fünf Kilometer weiter sind bei **Tinfou** bereits die ersten Sanddünen zu sehen. Die schönsten Dünen sind jedoch von **M'Hamid** am Ende der Landstraße aus zu erreichen. Das Gebiet erscheint wie das Ende der Welt. Von dem Dorf aus kann man mehrstündige bis mehrtägige organisierte Ausflüge in die Wüste unternehmen.

Siehe Karte S. 98f

Tal der Kasbahs

① Skoura
Karte D2

Die erste Stadt östlich von Ouarzazate bietet eine Palmeraie mit beeindruckenden Kasbahs. Die Kasbah Ameridil – heute teils Hotel, teils Museum – gehörte einst der Glaoui-Familie *(siehe S. 100)*.

Kasbah Ameridil, nahe Skoura

② Dadès-Schlucht
Karte E1

Die Schlucht ist über eine ab Boumalne Dadès nordwärts verlaufende Straße zu erreichen. Sie ist spektakuläre Kulisse für einige Kasbahs.

③ Kalaat M'Gouna
Karte D2

Die kleine Stadt liegt in einem Rosenzuchtgebiet. Die meisten der im Frühjahr gepflückten Blüten werden weltweit zur Parfumherstellung exportiert.

④ Todra-Schlucht
Karte E1

Zu beiden Seiten der engen Schlucht ragen steile Felswände auf. In dem Dorf Tamtattouchte am Nordende bieten zwei Hotels Unterkunft.

Erg-Chebbi-Dünen, Merzouga

⑤ Tinerhir
Karte E1 ■ **Information:** Hotel Tomboctou; 0524 83 51 91

Das Verwaltungszentrum der Region liegt inmitten von Palmenhainen. Es ist für Silberschmuck bekannt – in der Nähe liegen Silberminen.

⑥ Goulmima
Karte F1

Die befestigten Dörfer *(ksour)* in der Region entstanden zur Verteidigung gegen plündernde Nomaden. Die ummauerte Siedlung östlich der Erfoud-Straße lohnt den Abstecher.

⑦ Errachidia
Karte F1 ■ **Information:** 0535 57 09 44

Bei der für Töpferwaren und Schnitzereien bekannten Stadt beginnen die Palmenhaine von Ziz und Tafilalt.

⑧ Erfoud
Karte F1

Die Stadt – Basis für Touren zum Palmenhain von Tafilalt und zu den Erg-Chebbi-Dünen – veranstaltet im Oktober ein dreitägiges Dattelfest.

⑨ Rissani
Karte F1

Die Stadt am Rand der Sahara existiert seit dem 7. Jahrhundert. Sie besitzt einen berühmten Souk.

⑩ Merzouga
Karte F2

In dem Ort am Fuß der Erg-Chebbi-Dünen werden Kameltouren in die Wüste angeboten.

Hotels

> **Preiskategorien**
> Für ein Standard-Doppelzimmer pro Nacht mit Frühstück (falls inklusive), Steuern und Service.
> ....
> ⓓ unter 1200 Dh   ⓓⓓ 1200 – 2500 Dh
> ⓓⓓⓓ über 2500 Dh

① Auberge Telouet
Karte C2 ■ Telouet ■ 0524 89 07 17 ■ www.telouet.com ■ keine Kreditkarten ■ ⓓ

Das preiswerte, traditionelle Gästehaus bietet schlichte, aber nette Zimmer – einige mit Bad. Die Mauern des Gebäudes sind aus großen Steinen erbaut.

② Irocha
Karte C2 ■ Tisselday ■ 0667 73 70 02 ■ www.irocha.com ■ keine Kreditkarten ■ ⓓ

Das zwischen Telouet und Aït Benhaddou gelegene Hotel bezaubert mit mehreren Terrassen und Gärten. Es gibt außerdem einen Pool und einen *hammam*.

③ Le Berbère Palace
Karte D2 ■ Quartier Mansour Eddahabi, Ouarzazate ■ 0524 88 31 05 ■ www.hotel-berberepalace.com ■ ⓓⓓ

Das Haus, eines der drei Luxushotels von Ouarzazate, bietet klimatisierte Bungalows, Solarium, *hammam*, Tennisplätze und einen Pool.

④ Kasbah Aït ben Moro
Karte D2 ■ Skoura ■ 0661 44 08 85 ■ www.kasbahaitbenmoro.com ■ keine Kreditkarten ■ ⓓ

Abends ist die von Laternen erhellte Festung aus dem 18. Jahrhundert mit dicken Mauern und einem Palmengarten besonders gemütlich.

⑤ Hotel Erfoud Le Riad
Karte F1 ■ Route de Rissani, Erfoud ■ 0535 57 66 65 ■ www.hotel-erfoud-riad.com ■ ⓓ

Das Hotel lockt mit günstigen Preisen, einem Swimmingpool und einer äußerst beliebten Bar.

⑥ Dar Ahlam
Karte D2 ■ Douar Oulad, Chakh Ali, Skoura ■ 0524 85 22 39 ■ www.darahlam.com ■ ⓓⓓⓓ

Das luxuriöse Boutiquehotel mit *hammam* in einer alten Kasbah bietet Gästen Wagen mit Allradantrieb.

⑦ Dar Daïf
Karte D2 ■ Route de Zagora, Ouarzazate ■ 0524 85 49 47 ■ www.dardaif.ma ■ ⓓ

Eines der 14 Zimmer ist behindertengerecht. Zum Haus gehören ein *hammam* und ein Pool.

Innenhof des Dar Daïf

⑧ Kasbah Lamrani
Karte E1 ■ Zone Touristique, Blvd Mohammed V, Tinerhir ■ 0524 83 50 17 ■ www.kasbahlamrani.com ■ ⓓ

Die kleine Kasbah mit Pool ist ideal für Ausflüge in die Todra-Schlucht.

⑨ Kasbah Xaluca
Karte F1 ■ Erfoud ■ 0535 57 84 50 ■ www.xaluca.com ■ ⓓ

Die große Anlage mit riesigem Pool ist für Gruppen ausgelegt.

⑩ La Rose du Sable
Karte D2 ■ Aït Benhaddou ■ 0524 89 00 22 ■ www.larosedusable.com ■ ⓓ

Das gemütliche, kinderfreundliche Hotel verfügt über einen Swimmingpool im Hof. Es bietet herrlichen Blick auf die Kasbah.

Siehe Karte S. 98f

Reise-Infos

Auslage im Gewürz-Souk

Anreise & In Marrakech unterwegs	**106**
Praktische Hinweise	**108**
Hotels	**112**
Textregister	**118**
Danksagung, Bildnachweis & Impressum	**124**
Sprachführer	**126**

Anreise & In Marrakech unterwegs

Anreise mit dem Flugzeug

Lufthansa, **Austrian** und **Swiss** bieten Direktflüge nach Marrakech an. Mit der staatlichen marokkanischen Fluggesellschaft **Royal Air Maroc** gelangt man von Frankfurt am Main über Casablanca nach Marrakech.

Da auch Billigfluglinien Marrakech bedienen, ist die Anreise oft günstig. Informationen bieten die Websites der einzelnen Fluggesellschaften.

Der internationale Flughafen **Marrakech Menara** (RAK) ist der flächenmäßig zweitgrößte des Landes. Er liegt fünf Kilometer von Marrakechs Medina entfernt.

Taxis warten am Parkplatz vor der Ankunftshalle. Für den Transfer vom Flughafen in die Stadt werden häufig übeteuerte Preise berechnet. Die Gebühren für Fahrten in die einzelnen Stadtteile sind an einer Tafel angeschlagen, die Fahrer halten sich allerdings oft nicht daran. Es empfiehlt sich, vor Fahrtantritt persönlich einen Preis auszuhandeln. Ein Transfer vom Flughafen zum Jemaa el-Fna oder nach Guéliz sollte nicht mehr als 150 Dirham kosten.

Die Buslinie 19 fährt im 20- bis 30-Minuten-Takt vom Flughafen zum Jemaa el-Fna mit Halt an allen großen Hotels. Die einfache Fahrt kostet 30 Dirham (Hin- und Rückfahrt 50 Dirham).

Anreise mit dem Zug

Den modernen **Bahnhof** von Marrakech fahren täglich Züge aus Casablanca, Fès, Rabat und Tanger an. Zugverbindungen aus dem deutschsprachigen Raum führen meist über Paris, den spanischen Grenzort Irún und dann über Madrid nach Algeciras. Von dort setzen Fähren nach Tanger über. Vom Bahnhof gelangt man in wenigen Minuten zu Fuß nach Guéliz. Der Preis für die zehnminütige Taxifahrt zum Jemaa el-Fna sollte bei 10 Dirham liegen. In Marrakech gibt es keine öffentlichen Toiletten, die einzigen kostenlosen Einrichtungen befinden sich am Bahnhof.

Anreise mit dem Bus

Sowohl die staatliche Gesellschaft **CTM** als auch das Unternehmen **Supratours** bieten Busverbindungen zwischen Marrakech und anderen Orten Marokkos. Das Supratours-Büro befindet sich im Hauptbahnhof, der CTM-Bahnhof liegt südlich des Hauptbahnhofs.

Zu Fuß unterwegs

Marrakech erkundet man am besten zu Fuß. Die Gassen der Medina rund um den Jemaa el-Fna sind für Fahrzeuge gesperrt, viele Radfahrer und Fahrer von Motorrollern ignorieren jedoch das für sie geltende Zugangsverbot. In den Gassenlabyrinth der Altstadt verirrt man sich leicht, allerdings gelangt man meist schnell wieder zu einem markanten Orientierungspunkt zurück.

Die Neustadt mit dem Viertel Guéliz ist von der Medina aus zu Fuß in 20 Minuten zu erreichen.

Taxis

Die in der Stadt zahlreich verkehrenden *petits taxis* (städtischen Taxis) werden auch von Einheimischen viel genutzt. Die beigefarbenen Wagen nehmen maximal drei Passagiere auf. Sie sind nicht mit Taxametern ausgestattet. Es empfiehlt sich, vorab im Hotel Erkundigungen einzuholen, welcher Preis für die Fahrt zu einem bestimmten Ziel angemessen ist. Wer den Fahrer nach den zu erwartenden Kosten fragt, bekommt in der Regel einen übeteuerten Preis genannt. Für Taxifahrten sollte man Kleingeld parat haben.

In Marrakech sind außerdem *grands taxis* unterwegs. Die Wagen nehmen nach Art von Minibussen mehrere Passagiere auf, deren Fahrtziele in derselben Richtung liegen. *Grands taxis* dienen für Langstreckenfahrten und für den Flughafentransfer.

Kaleschen

Die Pferdekutschen werden überwiegend von Ur-

Anreise & In Marrakech unterwegs « 107

laubern für Fahrten um die Stadtmauer genutzt. Kaleschen (calèches) stehen an der südlich des Jemaa el-Fna gelegenen Place Foucault. Die Preise für die Touren sind an Tafeln angeschlagen.

Ausflüge in die Umgebung

Für Fahrten nach Essaouira, Tagesausflüge ins Umland von Marrakech oder Exkursionen ins Atlasgebirge stehen Besuchern mehrere Verkehrsmittel zur Verfügung. Die vor dem Busbahnhof (gare routière) bereitstehenden grands taxis bieten unter anderem Fahrten nach Casablanca, Fès und Essaouira zu Festpreisen an. Eine Vorabbuchung ist nicht erforderlich.

Fahrten mit Bussen sind zwar teurer als Ausflüge mit grands taxis, aber auch komfortabler. Supratours bietet einen besseren Service als CTM, die staatliche Gesellschaft bedient jedoch zusätzlich Ziele südlich des Atlasgebirges.

Eine vor allem für Gruppen geeignete Option, die größtmögliche Flexibilität garantiert, ist das Mieten eines Wagens mit Fahrer. Hotels stellen meist den Kontakt zu den Anbietern her.

Mehrere große Mietwagenfirmen, darunter **Avis**, **Europcar**, **Hertz** und **Sixt**, betreiben Filialen in Marrakech. Bei Ausflügen mit einem Mietwagen gilt es zu bedenken, dass viele der über Land führenden Strecken vom Fahrer höchste Konzentration verlangen, sodass nur die Beifahrer in den Genuss kommen, die Landschaft zu bewundern. Zudem sind Mietwagen teurer – die Büros in Marrakech verlangen rund 400 Dirham am Tag. Bei einigen Mietwagenfirmen ist ein internationaler Führerschein erforderlich, in der Regel reicht der EU-Führerschein aber aus.

In Marokko sind in geschlossenen Ortschaften 40 km/h, auf Landstraßen 100 km/h und auf Autobahnen 120 km/h erlaubt. An Kreuzungen gilt rechts vor links, am Kreisverkehr muss warten, wer einfahren möchte. Schilder sind arabisch und französisch beschriftet. Im Atlasgebirge ist ein Auto mit Allradantrieb nötig. Die Promillegrenze ist null Prozent.

Organisierte Reisen

Veranstalter wie **Erlebe Marokko** und **Seven Sun Travel** sind auf Reisen nach Marokko mit Aufenthalten in Marrakech spezialisiert.

Flughafen

Marrakech Menara
☏ 0524 44 79 10
🌐 marrakech.airport-authority.com

Fluggesellschaften

Austrian
🌐 austrian.com

Lufthansa
🌐 lufthansa.com

Royal Air Maroc
🌐 royalairmaroc.com

Swiss
🌐 swiss.com

Preisvergleichsdienste

🌐 billigflieger.de
🌐 fluege.de
🌐 opodo.de
🌐 swoodoo.com

Züge

Bahnhof Marrakech
Karte B5 ▪ Avenue Hassan II
☏ 0524 44 77 78
🌐 oncf.ma

Busse

CTM
Karte B5 ▪ Boulevard Aboubaker Seddik

Supratours
Karte B5 ▪ Avenue Hassan II
☏ 0524 42 17 69
🌐 supratours.ma

Mietwagen

Avis
Karte B5 ▪ 137 avenue Mohammed V, Guéliz
☏ 0524 43 25 25

Europcar
Karte B4 ▪ 63 boulevard Mohammed Zerktouni, Guéliz
☏ 0524 43 12 28

Hertz
Karte B4 ▪ 154 avenue Mohammed V, Guéliz
☏ 0524 43 99 84

Sixt
Karte B5 ▪ 9 boulevard el-Mansour Eddahbi, Guéliz
☏ 0522 53 66 15

Organisierte Reisen

Erlebe Marokko
🌐 erlebe-marokko.de

Seven Sun Travel
🌐 marokko-urlaub.com

Praktische Hinweise

Einreise

Besucher aus EU-Staaten und der Schweiz benötigen einen mindestens sechs Monate über die Einreise hinaus gültigen Reisepass. Kinder brauchen eigene Ausweisdokumente. Urlauber dürfen sich 90 Tage in Marokko aufhalten. Ein längerer Verbleib verstößt gegen das Aufenthaltsrecht und wird strafrechtlich geahndet. Verlängerungen müssen bei der Ausländerpolizei beantragt werden. Für die Personenkontrolle wird bei der Ein- und Ausreise ein Beiblatt zum Pass benötigt. Flugreisende erhalten das Beiblatt von der Fluggesellschaft.

Zoll

Pro Person ab 21 Jahren dürfen 200 Zigaretten, 1 Liter Alkohol, geringe Mengen Parfum, Kamera und Videoausrüstung mitgeführt werden. Die Einfuhr von pornografischem Material, Drohnen, Waffen und Drogen ist verboten. Dirham dürfen grundsätzlich nicht ein- und ausgeführt werden, über Toleranzgrenzen informiert der marokkanische **Zoll**.

Versicherung

Der Abschluss einer Auslandsreisekrankenversicherung, die auch den Rücktransport abdeckt, ist dringend anzuraten. Zwischen Marokko und der EU bestehen keine Abkommen im Gesundheitswesen – Arztrechnungen muss man in Marokko selbst bezahlen.

Gesundheit

Für Marokko sind bei direkter Einreise aus EU-Staaten keine Impfungen vorgeschrieben. Impfungen gegen Hepatitis A und B, Typhus und Tollwut werden dennoch zur Prophylaxe empfohlen.

Erste-Hilfe-Set, Kopfbedeckung und Sonnenschutz mit hohem Lichtschutzfaktor gehören ins Reisegepäck. Achten Sie auf ausreichend Flüssigkeitszufuhr. Zum Schutz vor Infektionskrankheiten sind Mittel zur Abwehr von Stechmücken wichtig.

Warten Sie im Notfall nicht auf die Ambulanz – fahren Sie mit einem Taxi zur Privatklinik **Polyclinique du Sud** in der Neustadt, die exzellente Versorgung bietet. Meiden Sie die schlecht ausgestatteten öffentlichen Krankenhäuser.

Apotheken wie die **Pharmacie Centrale** und die **Pharmacie du Progrès** erkennt man am grünen Schild mit Halbmond. Das gut ausgebildete Personal spricht oft Englisch und berät bei kleineren Beschwerden.

Sicherheit

Gewaltdelikte sind selten, Diebstähle kommen vor. Bei Spaziergängen in der spätabends ruhigen Medina ist Vorsicht geboten. Taschendiebe sind bevorzugt in den Souks und auf dem Jemaa el-Fna tätig. Suchen Sie im Notfall die **Brigade Touristique** (Touristenpolizei) an der Nordseite des Jemaa el-Fna auf oder wählen Sie die **Notrufnummer**. Das Polizeihauptrevier befindet sich an der Rue Oued el-Makhazine am Jnane el-Harti in der Neustadt.

Botschaften

Die **Botschaften** und **Konsulate** ihrer Heimatländer bieten Besuchern Hilfe bei Problemen wie dem Verlust des Reisepasses.

Islam

Der Islam ist in Marokko Staatsreligion, der König auch geistliches Oberhaupt. Religionskritik gilt als unfein. Kleiden Sie sich angemessen (siehe unten) und verzichten Sie auf Liebesbeweise in der Öffentlichkeit.

Im Ramadan sollten Sie tagsüber in der Öffentlichkeit nicht essen, trinken und rauchen.

Da Alkohol vom Islam abgelehnt wird, konsumieren ihn die Marokkaner diskret und keinesfalls unter den Augen der Öffentlichkeit. In der Medina ist Alkohol verboten, da sie aufgrund der sieben Schreine als heilig gilt. In Hotels und Restaurants mit vorwiegend ausländischen Gästen herrscht ein flexiblerer Umgang mit Alkohol vor.

Nicht-Muslimen ist der Zutritt zu Moscheen und heiligen Stätten in der Regel verboten.

Kleidung

Auch wenn sich Marokkanerinnen westlich klei-

Praktische Hinweise « 109

den, empfiehlt sich für Besucher ein konservativer Stil. Männer und Frauen sollten keine Shorts tragen. Für Frauen sind Kopftücher nicht erforderlich, auf bauch- und schulterfreie Kleidung sowie Miniröcke sollten sie aber verzichten und sich nur am Hotelpool im Bikini zeigen.

Allein reisende Frauen

Marrakech ist für allein reisende Frauen sicher, sie ziehen jedoch große Aufmerksamkeit auf sich. Den Süden sollten Frauen nicht ohne Begleitung bereisen: In den konservativen Regionen südlich des Atlasgebirges wecken allein reisende Frauen äußerst unwillkommene Neugier.

Währung

Der Marokkanische Dirham ist in 100 Centimes unterteilt. Banknoten gibt es zu 20, 50, 100 und 200 Dirham, Münzen zu 1, 2, 5 und 10 Dirham sowie zu 10, 20 und 50 Centimes.

Banken

Die meisten Banken liegen an der Rue de Bab Agnaou und an der Place Abdel Moumen ben Ali. Aufkleber an den Geldautomaten zeigen, welche Kredit- und Debitkarten angenommen werden. Die girocard funktioniert nur mit Maestro-, nicht mit VPay-Logo. Wählen Sie keinesfalls die angebotene Sofortumrechnung, da hier durch den schlechten Wechselkurs hohe Kosten entstehen.

Kreditkarten

Kreditkarten werden in Marrakech in den meisten gehobenen Hotels, in der Mehrzahl der Restaurants sowie in großen Läden westlichen Stils akzeptiert. Melden Sie den Verlust Ihrer Kreditkarte sofort.

Handy

Die meisten europäischen Mobilfunkbetreiber haben Verträge mit den marokkanischen Unternehmen Méditel, Maroc Telecom und Inwi, allerdings sind Gespräche und Datenroaming teuer. Prepaid-Karten, die in den Läden der marokkanischen Firmen an der Place du 16 Novembre erhältlich sind, stellen eine gute Alternative dar.

Vorwahlnummern

Die Landesvorwahl von Marokko ist 00 212, die Ortsvorwahl von Marrakech lautet 0524. Bei Ortsgesprächen ist die Vorwahl mitzuwählen. Für Gespräche aus Marokko wählt man 00, gefolgt von der Landesvorwahl (Deutschland: 49; Österreich: 43; Schweiz: 41).

Post

Das Hauptpostamt an der Südseite des Jemaa el-Fna ist montags bis samstags von 8 Uhr bis 16.15 und samstags von 8.30 bis 12 Uhr geöffnet. Die Filiale an der Place du 16 Novembre in Guéliz hat dieselben Öffnungszeiten. Briefmarken sind auch in Kiosken (*tabacs*) erhältlich.

Zoll
w douane.gov.ma

Botschaften
Deutsche Botschaft
7 rue Madnine, Rabat
C 0537 21 86 00
w rabat.diplo.de
Österreichisches Honorarkonsulat
Karte F7 ▪ 51 derb el-Hammam
C 0524 37 76 15
w consulatautriche marrakech.org
Schweizer Botschaft
Square de Berkane, Rabat
C 0537 26 80 30
w eda.admin.ch/rabat

Krankenhaus
Polyclinique du Sud
Karte B4 ▪ 2 rue de Yougoslavie ▪ 24 Std.
C 0524 44 79 99

Apotheken
Pharmacie Centrale
Karte B5 ▪ 166 ave Mohammed V, Guéliz
C 0524 43 01 58
Pharmacie du Progrès
Karte J3 ▪ Jemaa el-Fna
C 0524 44 25 63

Notfälle
Brigade Touristique
C 0524 38 46 01
Polizei
C 19
Feuerwehr & Krankenwagen
C 15
Kreditkartenverlust
C 0049 116 116
w 116116.eu

Öffnungszeiten

Banken haben montags bis freitags von 8.15 Uhr bis 15.45 Uhr (im Ramadan von 9.30–14 Uhr) geöffnet. Läden öffnen ihre Türen ein wenig später, haben aber bis 20 Uhr oder 21 Uhr geöffnet. Die Läden in den Souks schließen freitags bereits um 12 Uhr.

Sprache

Die Verkehrssprachen in Marokko sind Arabisch und Französisch. In der Fremdenverkehrsindustrie ist auch Englisch weitverbreitet.

Zeit

Die in Marokko geltende Westeuropäische Zeit (WEZ) liegt eine Stunde hinter der MEZ zurück.

Strom

Die Stromspannung beträgt 220 Volt / 50 Hertz, die in Deutschland gängigen Flachstecker passen.

Wetter

In Marrakech ist es immer warm, wenn es aber im Januar und Februar regnet, fallen nachts die Temperaturen. Im Juli und August ist es sehr heiß, von März bis Juni und September bis Dezember ist das Klima am angenehmsten. Für die Hochsaison um Ostern und Weihnachten/Neujahr sind Hotels weit im Voraus zu buchen.

Islamische Feiertage

Die islamischen Feiertage ergeben sich aus dem Mondkalender. Zu Īd al-Fitr (23. & 24. Mai 2020, 12. & 13.Mai 2021) und Īd al-Adha (30. Juli – 2. Aug 2020, 20. – 22. Juli 2021) steht die Stadt mindestens zwei Tage Stadt still. Im Fastenmonat Ramadan (ab 23. April 2020, ab 13. April 2021) bleiben die Restaurants in Marrakech meist bis Sonnenuntergang geschlossen.

Behinderte Reisende

Für Rollstuhlfahrer ist Marrakech schwieriges Terrain, vor allem die Gassen der Medina sind in schlechtem Zustand. Bis auf große Hotels und den Bahnhof sind wenige Gebäude rollstuhlgerecht. Gehobene Riads bemühen sich jedoch sehr bei der Unterbringung.

Information

Das an der Place Abdel Moumen ben Ali in der Neustadt gelegene **Office National Marocain du Tourisme** (OMNT) bietet einige wenige Informationen. Angestellte in Hotels und Riads liefern meist bessere Tipps.

Marrakech für wenig Geld

In Marrakech ist nur für wenige Attraktionen Eintritt zu bezahlen – die meisten Sehenswürdigkeiten sind kostenlos zugänglich. Da sich die Medina am besten zu Fuß erkunden lässt, entfallen Ausgaben für öffentliche Verkehrsmittel weitgehend. Neben gehobenen gibt es in Marrakech viele preiswerte Restaurants. Die Souks verführen zwar dazu, viel Geld auszugeben, wer jedoch im Hinterkopf behält, dass Feilschen auf diesem Markt ein Muss ist, kann die gewünschten Waren etwa zur Hälfte des angegebenen Preises erstehen.

Führungen

ALSA betreibt in Marrakech neben den Linien des öffentlichen Nahverkehrs zwei Buslinien für Stadtrundfahrten. Die Doppeldeckerbusse fahren u. a. zur Koutoubia-Moschee, zum Palais el-Badi, zum Jardin Majorelle und zur Palmeraie. Sie verkehren von 9 Uhr bis 17 Uhr oder 18 Uhr (je nach Saison) alle 30 Minuten. Passagiere können beliebig zu- und aussteigen. Tickets kosten 100 Dirham (24 Std.) bzw. 150 Dirham (48 Std.).

In der Medina und auf den Souks bieten Führer ihre Dienste an. Lehnen Sie stets ab. Bei den vermeintlichen Rabatten, die Ihr Führer in Läden aushandelt, hat der Ladenbesitzer dessen Provision auf den Grundpreis aufgeschlagen. Wenn Sie Marrakech nicht auf eigene Faust erkunden möchten, bitten Sie Ihr Hotel, den Kontakt zu einem offiziellen Stadtführer herzustellen. Führungen und Ausflüge kann man auch bei **Travel Link** und **Marrakech Guided Tours** buchen.

Feilschen

Feilschen gehört auf den Souks zum guten Ton. Wer nicht handelt, bezahlt viel zu viel. Beim Feilschen geht es darum herauszufinden, welchen Preis der Händler noch akzeptiert, wenn man seine – oft absurd hohe – Preisforderung unterbietet. Es empfiehlt sich, an den Ständen verschiedene Angebote einzuholen, bevor man in ernsthafte Verhandlungen einsteigt.

Teetrinken gehört zum Ritual des Feilschens. Wer eine Einladung zum Tee annimmt, ist nicht zum Kauf verpflichtet.

Praktische Hinweise « 111

Der Händler verschafft sich dadurch schlichtweg mehr Zeit, seine Waren anzubieten. Wenn man von vornherein an seinem Angebot nicht interessiert ist, sollte man die Einladung jedoch ausschlagen.

Die Verkaufstaktiken der Souk-Händler sind äußerst unterhaltsam. Wer nicht an den Waren interessiert ist, sollte einfach weitergehen und den Blickkontakt vermeiden. Kein Verkäufer verschwendet Zeit an Personen, die offensichtlich nichts kaufen möchten.

Die auf den Souks angebotenen Waren verlocken einfach zum Kauf. Überlegen Sie jedoch vor dem Zugreifen genau, ob ein Messingteller in der Größe eines Traktorrades wirklich in Ihre Wohnung passt oder ob Sie tatsächlich in knallgelben Pantoffeln durch die Straßen Ihrer Heimatstadt flanieren möchten.

Shopping-Tipps

Wer eine Abwechslung vom Treiben auf den Souks sucht und ein außergewöhnliches, doch typisch marokkanisches Souvenir erstehen möchte, wird in den Läden am Rand der Medina fündig.

Restaurant-Tipps

In Marrakech findet man Lokale, die einheimische Gerichte servieren, und Restaurants mit internationaler Küche vor. Letztere sind in Guéliz besonders zahlreich vertreten.

Traditionelle marokkanische Restaurants bieten Speisen à la carte oder Menüs, die meist aus Vorspeise (Suppe oder Salat), Hauptspeise und Nachspeise (z. B. Crème Caramel oder Obst) bestehen. In gehobenen Restaurants ist Vorsicht geboten: Da die dort servierten Menüs oft aus einer schier endlosen Reihe von Gängen bestehen, besteht die Gefahr, viel Geld für ein Speisenangebot auszugeben, das man auf keinen Fall bewältigen kann.

Trinkgeld

In Restaurants und Cafés wird Trinkgeld erwartet. Sofern der Service nicht im Rechnungsbetrag enthalten ist, sind 10 Prozent der Gesamtsumme angemessen. Träger erhalten üblicherweise ein Trinkgeld von ca. 20 Dirham. In Riads schlägt man für das Personal 100 Dirham auf den Rechnungsbetrag auf.

Hotel-Tipps

In Marrakech gibt es zahllose elegante Hotels. Oft handelt es sich dabei um Riads oder *maisons d'hôtes*, die in etwa Boutiquehotels entsprechen.

Riads sind Häuser, die einen Innenhof besitzen (Riad bedeutet »Garten«). Die typisch marokkanischen Hotels mit vier bis über 20 Zimmern können schlicht, aber auch äußerst elegant sein. Fast alle Riads befinden sich in Privatbesitz und spiegeln die Persönlichkeit – und finanziellen Ressourcen – ihrer Eigentümer wider. Wer einen ganzen Riad mietet, erhält häufig einen Preisnachlass. Der Transport vom und zum Flughafen zählt oft zum Serviceangebot.

Alle Riads liegen in der Medina. Je näher sich ein Haus am Jemaa el-Fna, dem zentralen Platz Marrakechs, befindet, desto besser. Die großen internationalen Hotels liegen eine Taxifahrt vom Zentrum entfernt in Hivernage. Wer absolute Ruhe wünscht, findet in den Luxusunterkünften in der Palmeraie den passenden Aufenthaltsort.

In der Hauptsaison um Weihnachten und Neujahr sowie in der Zeit um Ostern sind Zimmer bis zu 25 Prozent teurer. Zudem sind die Hotels und Riads schnell ausgebucht – es empfiehlt sich, Monate im Voraus zu reservieren. Viel Andrang herrscht auch im September und Oktober nach der großen Sommerhitze. Nebensaison ist in Januar und Februar. Es ist üblich und lohnenswert, den Preis für ein Hotelzimmer etwas herunterzuhandeln. In der Nebensaison sind bis zu 30 Prozent Ermäßigung möglich. In der Hauptsaison ist Feilschen jedoch aussichtslos.

Information
Office National Marocain du Tourisme
Mo – Fr 9 – 12 Uhr & 15 – 16.30 Uhr
☎ 0524 43 61 31
W visitmorocco.com

Führungen & Ausflüge
ALSA
W alsa.ma
Travel Link
☎ 0524 42 48 80
W travellink.ma
Marrakech Guided Tours
W marrakechguidedtours.wixsite.com

Hotels

> **Preiskategorien**
> Preis für ein Doppelzimmer pro Nacht mit Frühstück (falls inklusive), Steuern und Service.
>
> ⓓ unter 1200 Dh ⓓⓓ 1200 – 2500 Dh
> ⓓⓓⓓ über 2500 Dh

Luxus-Riads & Luxushotels

El-Fenn
Karte J3 ■ Derb Moulay Abdallah ben Hussain, Medina ■ 0524 44 12 10 ■ www.el-fenn.com ■ ⓓⓓⓓ
Der luxuriöse Riad gehört der britischen Künstlerin Vanessa Branson. Er verfügt über elegante Suiten, vier Innenhöfe, eine Bibliothek, einen *hammam*, eine Bar, ein Restaurant, drei Pools und einen Vorführraum.

La Maison Arabe
Karte H2 ■ 1 derb Assehbé, Medina ■ 0524 38 70 10 ■ www.lamaisonarabe.com ■ ⓓⓓⓓ
Das in einem typisch marokkanischen Anwesen ansässige Hotel ist im Besitz des italienischen Prinzen Fabrizio Ruspoli. Die 26 prächtigen Zimmer zeigen historischen Charme. Das Haus verfügt über ein exzellentes Restaurant, einen Pool und ein Spa.

La Mamounia
Karte H5 ■ Ave Bab Jdid, Medina ■ 0524 38 86 00 ■ www.mamounia.com ■ ⓓⓓⓓ
Eine Millionen Dollar teure Renovierung machte das La Mamounia zum wohl besten und elegantesten Hotel Nordafrikas. Von Nicht-Gästen, die bei einem Besuch eines der Restaurants eine Vorstellung von dem beeindruckenden Gebäude erhalten möchten, wird elegante Kleidung erwartet *(siehe S. 34f)*.

Riad Enija
Karte K2 ■ 9 derb Mesfioui, Medina ■ 0524 44 09 26 ■ www.riadenija.com ■ ⓓⓓⓓ
Der Riad besteht aus drei benachbarten Häusern und einem Hof mit Garten. Die Zimmer sind mit von internationalen Künstlern gestalteten Möbeln ausgestattet.

Riad Farnatchi
Karte K2 ■ 2 derb Farnatchi, Medina ■ 0524 38 49 10 ■ www.riadfarnatchi.com ■ ⓓⓓⓓ
Die Einrichtung der fünf Häuser mit zehn Suiten, zwei Höfen und mehreren Gemeinschaftsbereichen verbindet marokkanische und europäische Elemente. Es gibt ein Restaurant, ein Spa und einen *hammam*. *Djellabas* (traditionelle mantellange Überwürfe) werden kostenlos zur Verfügung gestellt.

Riad de Tarabel
Karte J2 ■ 8 derb Sraghna, Medina ■ 0524 39 17 06 ■ www.riad-de-tarabel.com
Dank der französischen Eigner zeigt der nahe dem Palais Dar el-Bacha gelegene Riad mit zehn Zimmer ein wenig Flair der Provence. Frühstück und Lunch sind marokkanisch und exquisit. Die Dachterrasse bietet wunderschöne Aussicht auf die Medina.

Royal Mansour
Karte G3 – 4 ■ Rue Abou Abbas el-Sebti, Medina ■ 0529 80 80 80 ■ www.royalmansour.com ■ ⓓⓓⓓ
Der Service beinhaltet die Abholung vom Flughafen und die Sicherstellung einer unkomplizierten Zollabwicklung. Eigentümer der Anlage, die mehrere kleine Villen in gepflegten Gärten umfasst, ist der König von Marokko. Das Haus steht für Diskretion, Opulenz und Exklusivität.

La Sultana
Karte K6 ■ 403 rue de la Kasbah, Medina ■ 0524 38 80 08 ■ www.lasultanahotels.com ■ ⓓⓓⓓ
Das Hotel ist hinter einem Hof nahe den Saadier-Gräbern ruhig gelegen. Die Einrichtung prägt eine turbulente Mischung aus Afrika und Asien. Das La Sultana zählt zu den wenigen Hotels in der Medina, die Pool und Spa bieten.

Villa des Orangers
Karte J5 ■ 6 rue Sidi Mimoun, Medina ■ 0524 38 46 38 ■ www.villadesorangers.com ■ ⓓⓓⓓ
Die ehemalige Villa eines Richters ist heute ein Boutiquehotel mit 27 Suiten und zwei herrlichen Innenhöfen. Der Blick auf die Koutoubia-Moschee von der Dachterrasse ist grandios.

Internationale Häuser

Ibis Marrakech Centre Gare
Karte B5 ▪ Ave Hassan II, Guéliz ▪ 0525 43 59 29 ▪ www.accorhotels.com ▪ ⓓⓗ

Die 109 Zimmer des Hotels sind schlicht, aber gemütlich. Zur Anlage gehören ein Garten und ein Pool. Das Hotel liegt in der Nähe von Bahnhof und Busbahnhof.

BAB Hotel
Karte B5 ▪ Ecke Blvd Mansour Eddahbi & Rue Mohammed el-Beqqal, Guéliz ▪ 0524 43 52 50 ▪ http://babhotelmarrakech.ma ▪ ⓓⓗ

Die Zimmer des schicken, modernen Boutiquehotels in der Neustadt sind in Weiß gehalten. Sie zeigen minimalistischen Einrichtungsstil. Die Ausstattung beinhaltet Flachbildfernseher, Schreibtische und Nespresso-Maschinen. Auf der Dachterrasse des Hauses befindet sich eine Bar, im Erdgeschoss ein Restaurant.

Les Jardins de la Koutoubia
Karte J3 ▪ 26 rue de la Koutoubia, Medina ▪ 0524 38 88 00 ▪ www.lesjardinsdelakoutoubia.com ▪ ⓓⓗ

Das nahe der Koutoubia-Moschee ruhig gelegene Fünf-Sterne-Hotel präsentiert sich modern. Die Zimmer sind elegant und mit allen Annehmlichkeiten ausgestattet. Den zentralen Innenhof dominiert ein Swimmingpool. Der bezaubernde Dachgarten bietet herrliche Aussicht.

Le Méridien N'Fis
Karte C7 ▪ Ave Mohammed VI, Hivernage ▪ 0524 33 94 00 ▪ www.lemeridiennfis.com ▪ ⓓⓗ

Das fünf Taximinuten von der Medina entfernt gelegene Hotel besitzt 277 Zimmer, Restaurants, einen beliebten Club und ein exzellentes Spa. Die Architektur ist zweckmäßig, der Garten ist schön.

Radisson Blu Hotel Marrakech Carré Eden
Karte C5 ▪ 166–176 ave Mohammed V, Guéliz ▪ 0525 07 70 00 ▪ www.radissonblu.com ▪ ⓓⓗ

Das mit dem Shoppingcenter Carré Eden verbundene Fünf-Sterne-Hotel bietet 198 modern eingerichtete Zimmer. Die Restaurants und Bars der Neustadt liegen in der Nähe, die Medina ist zu Fuß in 20 Minuten erreichbar.

Royal Mirage Marrakech
Karte C7 ▪ Ave de la Menara, Hivernage ▪ 0524 35 10 00 ▪ www.royalmiragehotels.com ▪ ⓓⓗ

Das Hotel liegt in einem ummauerten Garten, die 661 Zimmer blicken auf einen großen Pool. Es gibt ein Spa sowie sechs Restaurants und Bars.

Savoy Le Grand
Karte C6 ▪ Ave Prince Moulay Rachid, Hivernage ▪ 0524 35 10 00 ▪ www.savoylegrandhotelmarrakech.com ▪ ⓓⓗ

Das 15 Gehminuten von der Medina entfernt gelegene moderne Hotel verfügt über einen großen Swimmingpool. Die Anlage ist äußerst gepflegt und bietet ein hervorragendes Preis-Leistungs-Verhältnis.

Sofitel Marrakech Palais Impérial
Karte C6 ▪ Rue Harroun Errachid, Hivernage ▪ 0524 42 56 00 ▪ www.sofitel.accorhotels.com ▪ ⓓⓗ

Das Gebäude marokkanischen Stils birgt 207 große, helle Zimmer. Das Hotel grenzt unmittelbar an die Medina, das exzellente Restaurant Comptoir Darna (siehe S. 83) ist innerhalb weniger Minuten zu Fuß zu erreichen.

Four Seasons Resort Marrakech
Karte B6 ▪ 1 blvd de la Menara, Hivernage ▪ 0524 35 92 00 ▪ www.fourseasons.com/marrakech ▪ ⓓⓗ

Die Anlage befindet sich zwischen der Medina und dem Flughafen nahe den Menara-Gärten. Sie besteht aus mehreren rosafarbenen Gebäuden, die in einem 16 Hektar großen Park liegen. Ausstattung und Service sind erstklassig.

Hotel es-Saadi
Karte C6 ▪ Rue Ibrahim el-Mazini, Hivernage ▪ 0524 33 74 00 ▪ www.essaadi.com ▪ ⓓⓗⓗ

Das in weitläufigen Gärten gelegene Hotel, in dem die Rolling Stones in den 1960er Jahren zu Gast waren, zeigt sich heute modern und noch immer luxuriös. Neben 150 Zimmern und 90 Suiten stehen zehn Villen mit eigenem Pool zur Verfügung. Zur Anlage gehört außerdem ein exzellentes Spa.

Mittelklasse-Riads

Dar Attajmil
Karte J3 ■ 23 rue Laksour, nahe Sidi el-Yamami ■ 0524 42 69 66 ■ www.darattajmil.com ■ ⓓⓗ
Der hübsche Riad mit vier Zimmern liegt eine kurze Wegstrecke nördlich des Jemaa el-Fna und damit günstig für Ausflüge in die Souks und nach Mouassine. Die behagliche Unterkunft ist stark von ihrer (Englisch sprechenden) italienischen Besitzerin geprägt.

Dar Doukkala
Karte H2 ■ 83 rue Bab Doukkala, Dar el-Bacha ■ 0524 38 34 44 ■ www.dardoukkala.com ■ ⓓⓗ
Die sieben Zimmer der reizenden *maison d'hôtes* sind mit schönen historischen Details versehen. An dem kleinen Dachpool steht eine Wand aus Laternen. Die beiden Suiten besitzen Terrassen.

Les Jardins de la Medina
Karte K7 ■ 21 derb Chtouka, Quartier Kasbah ■ 0524 38 18 51 ■ www.lesjardinsdelamedina.com ■ ⓓⓗⓓⓗ
Es ist leicht nachzuvollziehen, warum ein Prinz im 19. Jahrhundert den Riad als Residenz wählte. Die 36 Zimmer verbinden modernen Komfort mit traditioneller marokkanischer Pracht. Die Anlage bietet einen üppig grünen Garten, einen Pool, einen *hammam* und eine renommierte Kochschule.

Riad 72
Karte H2 ■ 72 Arset Awsel, Bab Doukkala ■ 0524 38 76 29 ■ www.riad72.com ■ ⓓⓗⓓⓗ
In dem eleganten Riad trifft Mailand auf Marrakech: Der italienische Besitzer stattete das traditionelle Haus mit importierten Möbeln aus. Der Riad umfasst eine riesige Hauptsuite, eine kleinere Suite, fünf Doppelzimmer, ein Solarium und einen *hammam*.

Riad Adore
Karte J2 ■ 94 derb Tizouagrine, Dar el-Bacha ■ 0524 37 77 37 ■ www.riadadore.com ■ ⓓⓗⓓⓗ
Der Riad mit zehn Zimmern wurde von einem französischen Architekten wunderschön gestaltet. Es gibt einen Pool, ein Spa und eine Bibliothek sowie hübsche Dachterrassen und Salons. Die Lage inmitten der Souks ist fantastisch.

Riad AnaYela
Karte J1 ■ 28 derb Zarwal, Bab el-Khemis ■ 0524 38 69 69 ■ www.anayela.com ■ ⓓⓗⓓⓗ
Das 300 Jahre alte Stadthaus im Nordosten der Medina wurde von einem deutschen Unternehmer in einen bezaubernden Riad mit äußerst behaglicher Atmosphäre verwandelt. Es gibt fünf Zimmer, einen beheizten Pool im überdachten Innenhof und eine große Dachterrasse.

Riad Kheirredine
Karte H1 ■ 2 derb Chelligui, Sidi ben Slimane ■ 0524 38 63 64 ■ www.riadkheirredine.com ■ ⓓⓗⓓⓗ
Der von italienischen Besitzern geführte, im Norden der Medina gelegene Riad verfügt über elf wunderschön eingerichtete, exzellent ausgestattete Zimmer und Suiten. Es gibt zwei Pools, einen *hammam* und ein Spa.

Riad Kniza
Karte G1 ■ 34 derb L'Hôtel, Bab Doukkala ■ 0524 37 69 42 ■ www.riadkniza.com ■ ⓓⓗⓓⓗ
Der prächtige Riad ist mit Kunstwerken angefüllt. Der Besitzer und Antiquitätenhändler wird seit 35 Jahren von prominenten Gästen wie Brad Pitt, Tom Cruise und manchem US-Präsidenten bevorzugt als Stadtführer ausgewählt.

Riad Al Massarah
Karte H1 ■ 26 derb Jdid, Bab Doukkala ■ 0524 38 32 06 ■ www.riadalmassarah.com ■ ⓓⓗⓓⓗ
Das Haus verfügt über sechs Gästezimmer. Die Zimmer im ersten Stock bieten Blick auf den Pool im Innenhof. Es gibt einen Speisesaal, einen *hammam*, einen Massageraum und eine Bibliothek. Der Riad wurde für Umweltfreundlichkeit und die exzellente Personalpolitik ausgezeichnet.

Riad el-Mezouar
Karte L3 ■ 28 derb el-Hammam ■ 0524 38 09 49 ■ ⓓⓗⓓⓗ
Die großen Zimmer des freundlichen, weiß getünchten Riad sind traditionellen Stils. Etwas nachteilig ist die 15 Minuten vom Jemaa el-Fna entfernte Lage.

Riyad Al Moussika
Karte K3 ■ 62 derb Boutouil, Kennaria ■ 0524 38 90 67 ■ www.riyad-al-moussika.com ■ ⓓⓗⓓⓗ
Das schön restaurierte Wohnhaus gehörte einst einem spanischen Adli-

Hotels

gen. Gäste genießen exzellente Küche. Das reichhaltige Frühstück beinhaltet Eier, Pfannkuchen, Gebäck und Obst. Es gibt einen *hammam*, einen Pool und eine Dachterrasse.

Riad Noga
Karte L3 ■ 78 derb Jdid, Douar Graoua ■ 0524 37 76 70 ■ www.riadnoga.com ■ ⓓ ⓓ

Der behagliche Riad bietet guten Service und einen Pool. Die sieben Gästezimmer sind mit TV-Geräten, Soundsystemen und Kaminen ausgestattet. Die Betreiber stammen aus Deutschland.

Riad l'Orangeraie
Karte J2 ■ 61 rue Sidi el-Yamani, Mouassine ■ 0661 23 87 89 ■ www.riadorangeraie.com ■ ⓓ ⓓ

Der von einem französischen Brüderpaar geführte Riad ist im Zentrum von Mouassine hervorragend gelegen. Besucher können zwischen sieben gemütlichen Zimmern wählen. Einer der beiden Höfe ist begrünt, im anderen befindet sich ein Pool.

Riad Les Yeux Bleus
Karte H2 ■ 7 derb el-Ferrane, Bab Doukkala ■ 0524 37 81 61 ■ www.marrakech-boutique-riad.com ■ ⓓ ⓓ

Die acht wunderschön gestalteten, in satten Blau-, Rot- und Gelbtönen gehaltenen Zimmer schaffen ein fröhliches Ambiente. Zum Haus gehören zwei Pools, eine Terrasse und eine Bibliothek. Der Service ist äußerst freundlich.

Talaa 12
Karte K2 ■ 12 Talaa ben Youssef ■ 0524 42 90 45 ■ www.talaa12.com ■ ⓓ ⓓ

Die Einrichtung des Hauses mit acht Zimmern ist sparsam, aber gefällig. Das traditionelle Ambiente wird durch moderne Ausstattungsmerkmale wie Klimaanlagen und einen *hammam* ergänzt. Der Riad befindet sich in der Nähe der Souks.

Riad Noir d'Ivoire
Karte K3 ■ 31–33 derb Jdid, Bab Doukkala ■ 0524 38 09 75 ■ www.noir-d-ivoire.com ■ ⓓ ⓓ

Die verspielt-exzentrische Einrichtung zeigt eine moderne marokkanische Note. In den beiden Höfen gibt es Pools. Das Angebot wird durch Fitnessraum, Spa, Boutique, eine winzige Cocktailbar und ein Restaurant mit exzellentem Weinkeller ergänzt.

Hostels & preiswerte Riads

Chambres d'Amis
Karte K3 ■ 46/47 derb Moulay Abdelkader, nahe derb Dabachi, Medina ■ 0524 42 69 65 ■ www.chambresdamis.com ■ ⓓ

Der Riad wurde von der Besitzerin, der niederländischen Innenarchitektin Anke van der Pluijm, wunderschön eingerichtet. Die sechs Gästezimmer zieren Kunsthandwerksobjekte und Nippes. Es gibt einen begrünten Innenhof und eine Dachterrasse. Es werden Ausflüge zur Vogelbeobachtung sowie Häkel- und Kochkurse angeboten.

Cecil Hotel Marrakech
Karte J3 ■ Derb Sidi Bouloukate, Medina ■ 0662 06 11 76 ■ ⓓ

Das zentral gelegene Hostel bietet ein gutes Preis-Leistungs-Verhältnis. Alle Zimmer haben Bad. Es gibt eine Dachterrasse. Der WLAN-Zugang ist kostenlos.

Hôtel Ali
Karte J4 ■ Rue Moulay Ismail, Medina ■ 0524 44 49 79 ■ www.hotel-ali.com ■ keine Kreditkarten ■ ⓓ

Das beliebte Hotel ist eine gute Basis für Ausflüge ins Atlasgebirge. Da die Ausstattung der Räume stark variiert, sollte man sie vorab in Augenschein nehmen.

Hôtel Farouk
Karte B5 ■ 66 ave Hassan II, Guéliz ■ 0524 43 19 89 ■ www.hotelfarouk.com ■ ⓓ

Das von den Besitzern des Hôtel Ali geführte Haus bietet gute Unterkunft nahe der Neustadt. Alle Zimmer haben Bad. Ausstattung und Komfort der Räume sind jedoch so unterschiedlich, dass man sie vorab besichtigen sollte.

Le Gallia
Karte J4 ■ 30 rue de la Recette, Medina ■ 0524 44 59 13 ■ www.hotellegallia.com ■

Das Haus zählt unter den preiswerten Hotels, die die Seitengassen der Rue Bab Agnaou säumen, zu den besten. Die Zimmer mit Bad liegen rund um zwei Innenhöfe andalusischen Stils. Frühzeitige Reservierung ist erforderlich.

Preiskategorien siehe S. 112

Reise-Infos

Hotel Medina
Karte K4 ■ 1 derb Sidi Bouloukat, Medina ■ 0524 44 29 97 ■ www.hotelmedinamarrakech.com ■ ⓓ
Das Hotel hebt sich von den vielen an dieser Straße gelegenen günstigen Unterkünften durch Sauberkeit und große Gastfreundlichkeit ab. Die Preise beginnen bei 30 Dirham für einen Schlafplatz auf der Dachterrasse. Gästen stehen Gemeinschaftsduschen zur Verfügung.

Hotel Sherazade
Karte K4 ■ 3 derb Djama, Medina ■ 0524 42 93 05 ■ www.hotelsherazade.com ■ ⓓ
Die Unterkünfte reichen von Mini-Apartments bis zu schlichten Zimmern mit Gemeinschaftsbad. Auf der Dachterrasse des Hauses befindet sich ein Speisezelt. In Mehrbettzimmern übernachtet man für unter 200 Dirham.

Hotel du Trésor
Karte J3 ■ 77 Sidi Bouloukat, nahe Riad Zitoun el-Kedim, Medina ■ 0524 37 51 13 ■ www.hotel-du-tresor.hotelsmarrakech.net ■ keine Kreditkarten ■ ⓓ
Das hübsche kleine Hotel liegt nahe dem Jemaa el-Fna. Es existiert seit den 1950er Jahren. Die 14 Gästezimmer und der Salon zeigen Retro-Flair. Es gibt einen Mini-Pool.

Les Jardins de Mouassine
Karte J3 ■ 20 derb Chorfa el-Kebir, Mouassine, Medina ■ 0620 81 53 26 ■ www.lesjardinsdemouassine.com ■ ⓓ
Gäste übernachten zwar in hotelähnlichen Doppelzimmern, der Charme des Hauses kommt jedoch einem hochpreisigeren Riad gleich. Es gibt eine Bibliothek, einen *hammam*, einen Pool, eine Bar und eine Terrasse mit Grill. Auch die Wohnhütten auf der Anlage sind buchbar.

Riad Altaïr
Karte H2 ■ 21 derb Zaouia, Bab Doukkala, Medina ■ 0524 38 52 24 ■ www.riadaltair.com ■ ⓓ
Der nahe der Bab-Doukkala-Moschee gelegene Riad verfügt über sechs elegante Zimmer und eine Bibliothek. Statt eines Restaurants gibt es eine Gemeinschaftsküche. Zu Mahlzeiten können Gäste die hübsche Dachterrasse nutzen.

Riad Berbère
Karte K2 ■ 23 derb Sidi Ahmed ben Nasser, nahe Kaat Benahid, Medina ■ 0524 38 19 10 ■ www.leriadberbere.com ■ ⓓ
Das Gebäude aus dem 17. Jahrhundert wurde in einen wunderschönen, lichtdurchfluteten Riad verwandelt. Die Einrichtung zeigt eleganten minimalistischen Stil. Im begrünten Innenhof befindet sich ein hübscher Swimmingpool. Zum Haus gehört ein *hammam*. Es werden Koch- und Yogakurse sowie Tagesausflüge veranstaltet.

Riad Al Jazira
Karte D4 ■ 8 derb Mayara, Sidi ben Sliman, Medina ■ 0524 42 64 63 ■ www.riad-aljazira.com ■ ⓓ
Das zur Kette Marrakech Riads gehörende Haus in einem ruhigen Areal der Medina wird von Abdellatif Aït Ben Abdallah geführt, der für den Wiederaufschwung Marrakechs als Urlauberziel im 20. Jahrhundert mitverantwortlich war. Das Anwesen besteht aus drei miteinander verbundenen Häusern. Es gibt eine Dachterrasse, im Haupthof befindet sich ein Pool.

Riad Jnane Mogador
Karte K4 ■ 116 rue Riad Zitoun el-Kedim, derb Sidi Bouloukat, Medina ■ 0524 42 63 23 ■ www.jnanemogador.com ■ ⓓ
Das restaurierte Haus (19. Jh.), eine Mischung aus Riad und Hotel, hat 17 Zimmer, die um einen zentralen Hof mit Brunnen und Freitreppe liegen. Die Einrichtung ist wenig elegant, das Preis-Leistungs-Verhältnis exzellent. Es gibt ein Spa.

Riad Nejma Lounge
Karte G1 ■ 45 derb Sidi M'hamed el-Haj, Bab Doukkala ■ www.riadnejmalounge.com ■ 0524 38 23 41 ■ ⓓ
Die sechs Zimmer des flippigen Riads sind bunt gestrichen. Es gibt einen kleinen Pool im Hof und eine Dachterrasse.

Riad O2
Karte J1 ■ 97 derb Semmaria, Sidi ben Slimane ■ 0524 37 72 27 ■ www.riado2.com ■ ⓓ
Der faszinierende Riad mit dem sonderbaren Namen besitzt einen mit Terrakottafliesen bedeckten Hof. Die Zimmer in einer Mischung traditionellen und minimalistischen Stils tragen originelle Bezeichnungen wie »Egg Suite« und »Chewing Gum«.

Hotels « **117**

Tchaikana
Karte K2 ■ 25 derb el-Ferrane, Quartier Azbest, Medina ■ 0524 38 51 50 ■ www.tchaikana.com ■ ⓓⓗⓗ

Der nahe dem Musée de Marrakech *(siehe S. 74f)* gelegene Riad vermietet zwei Suiten sowie zwei große und ein kleineres Doppelzimmer. Die Besitzer sind ein Paar aus Belgien. Delphine, die Ehefrau, ist Expertin in Sachen Souk-Shopping.

Palmeraie & Umland

Caravanserai
264 Ouled Ben Rahmoune, 40 000 Marrakech ■ 0524 30 03 02 ■ ⓗ

Die aus umgebauten Dorfhäusern bestehende Anlage nördlich von Marrakech zeigt eine beeindruckende Lehmziegelbauweise. Es gibt einige Terrassen und einen *hammam*. Die Suiten haben eigene Pools.

Les Deux Tours
Douard Abiad, Palmeraie ■ 0524 32 95 25 ■ www.les-deux-tours.com ■ ⓓⓗ

Die von Mauern umgebene Anlage mit untereinander verbundenen Villen schuf der aus Marokko stammende Architekt Charles Boccara. Die Gärten andalusischen Stils weisen Brunnen und Schwimmbecken auf. Die wunderschönen Räume sind mit *tadelakt (siehe S. 44)* verputzt.

Fairmont Royal Palm
Km 12, Route d'Amizmiz ■ 0524 48 78 00 ■ www.fairmont.com ■ ⓓⓗⓗ

Die 20 Minuten südlich des Stadtzentrums gelegene Hotelanlage nimmt ein 231 Hektar großes Gelände mit Palmen, Orangenbäumen und Olivenhainen ein. Sie spricht mit einem riesigen Spa und dem Royal Palm Golf Club vor allem Wellnessbegeisterte und Golffans an.

Palmeraie Palace
Circuit de la Palmeraie ■ 0524 33 43 43 ■ www.palmeraieresorts.com ■ ⓓⓗⓗ

Das große Fünf-Sterne-Hotel am Nordrand der Palmeraie bietet einen eigenen Golfplatz, Pools, Tennisplätze, Restaurants, einen Garten und einen beliebten Club.

Amanjena
Km 12, Route de Ouarzazate ■ 0524 39 90 00 ■ www.aman.com ■ ⓓⓗⓗ

Die Anlage, die zur exklusiven Amanresorts-Gruppe gehört, gleicht einer Filmkulisse für orientalische Monumentalfilme. Die Gäste, zu denen tatsächlich viele Filmstars und andere Prominente zählen, residieren in 39 Privatvillen mit zum Teil ummauerten Gärten.

Jnane Tamsna
Douar Abiad, Palmeraie ■ 0524 32 84 84 ■ www.jnanetamsna.com ■ ⓓⓗⓗ

Die eleganteste und beeindruckendste der Villen in der Palmeraie wurde oft für Magazine abgelichtet. Die umliegenden Obsthaine, Gemüse- und Kräutergärten liefern die Bio-Zutaten für die Küche des Hauses. Auf der Anlage stehen auch preiswertere Zimmer zur Verfügung.

Ksar Char-Bagh
Jnane Abiad, Palmeraie ■ 0524 32 92 44 ■ www.ksarcharbagh.com ■ ⓓⓗⓗ

Marrakechs wohl verrücktestes Hotel ist der fast schon überdimensionale Nachbau eines Palastes im Alhambra-Stil. Vom beheizten Pool bis zum Zigarrensalon präsentiert sich das Haus extravagant. Die Gäste werden mit alten Londoner Taxis vom Flughafen abgeholt.

Mandarin Oriental
Route du Golf Royal ■ 0524 29 88 88 ■ www.mandarinoriental.com/marrakech ■ ⓓⓗⓗ

Die eine zehnminütige Autofahrt von der Medina entfernt gelegene Anlage besteht aus 54 in einem wunderschönen Garten gelegenen Villen, die alle eigene Terrassen haben. Es gibt drei Restaurants, Swimmingpools (überdacht und im Freien) und ein Spa. Gäste haben Zutritt zu zwei Golfplätzen.

Palais Namaskar
Route de Bab Atlas, Palmeraie ■ 0524 29 98 00 ■ www.palaisnamaskar.com ■ ⓓⓗⓗ

Das prächtige Anwesen in der Palmeraie liegt 20 Minuten nordöstlich der Medina. Es beeindruckt mit herrlicher Architektur, wunderschön gestalteten Gärten und äußerst geräumigen Zimmern und Suiten. Auf der Anlage befinden sich ein Spa sowie ein Yoga- und ein Fitnesscenter. Nicht-Gäste können von der No Mad Bar auf der Dachterrasse die grandiose Aussicht auf das Atlasgebirge genießen.

Preiskategorien siehe S. 112

Textregister

Fett gedruckte Seitenzahlen beziehen sich auf Haupteinträge.

A
Abd el-Malek 31
Abdel Aziz, Sultan 68
Abouzeid, Leila 41
Abu Abdallah Mohammed II, Sultan 31
Agadir 96
Agafay-Tal 52
Agdal-Gärten 51
Ahmed el-Mansour, Sultan 31
Aït Benhaddou 43, 64f, 100, 103
Aït Ourir 98
Akrobaten 12
Al Fassia 6, 83
Alawiten 38
Ali ben Youssef 29
Alkohol 108
Allein reisende Frauen 109
Almohaden 38
Almoraviden 38, 75
Amal 61, 83
Amerzou 101
Anreise 106
Antiatlas 96
Apotheken 108
Arabische Sprache 110
  Sprachführer 128
Architektur 44f, 79
Arganöl 19, 95
Art déco 35
Asni 93, 94f
Atay Café 6, 7, 77
Atlas Corporation Studios 101
Atlasgebirge 43, 53, 62f
  Tizi-n'Test-Pass 92–96
  Tizi-n'Tichka-Pass 98–101
Ausflüge 107
Außergewöhnliche Souvenirs 18
Autos 107
Avenue Mohammed V (Marrakech) 79, 81
Avenue Mohammed V (Taroudant) 95

B
Bab Agnaou 25, 45
Bab Berrima 24
Bab Debbagh 25, 74
Bab Doukkala 25, 75
Bab el-Kasbah (Taroudant) 95
Bab el-Khemis 25
Bab er-Robb 24
Bab Marrakech (Essaouira) 89
Babouches 17, 19
BAB Hotel Sky Bar 56
Ballonfahren 55
Banken 109
Barrage Lalla Takerkoust 53, 63
Bars & Clubs 56f
Bazar du Sud 76
Beckham, David 43
Behinderte Reisende 110
Beldi Country Club 7, 53
Belkahia, Farid 41
Berber
  Almoraviden 38
  Kunsthandwerk 19, 68, 101
  Musée Berbér 33, 50, 81
  Musik & Tanz 41
  Reiter 41
  Trachten 89
Bergé, Pierre 32
Berühmte Besucher 42f
Bestellungen (Nachtmarkt) 14
Binebine, Mahi 39, 41
Boccara, Charles 80
Botschaften 108f
Boutique (Jardin Majorelle) 32
Bowles, Paul 42
Briouats 58
Buchläden 82
Burroughs, William 80
Busse 106f

C
Cafés
  Atay Café 6, 7, 77
  Café Arabe 17, 56f, 75, 77
  Café de France 12, 13
  Café Les Négociants 81, 83
  Essaouira 91
  Grand Café de la Poste 7, 57, 81, 83
  Jemaa el-Fna & Kasbah 71
  Le Grand Balcon du Café Glacier 14
  Neustadt 83
  Souks 77
Casablanca-Konferenz 43
Cascades d'Ouzoud 62
Chrob-ou-Chouf-Brunnen 28
Churchill, Winston 43
  Gemälde 34, 94
  La Mamounia 34f
Cinéma Eden 69
Clinton, Bill 34
Coco's Spa 47
Comptoir Darna 7, 56, 60, 80, 83
Connery, Sean 34
Couscous 58
Crowe, Russell 43
Cyber Parc Arsat Moulay Abdeslam 51, 81

D
Dachterrasse (Palais el-Badi) 30
Dadès-Schlucht 100, 102
Damgaard, Frédéric 88
Dar al Houssoun (Taroudant) 51
Dar Attajmil 49, 114
Dar Bellarj 28
Dar Cherifa 7, 40, 45, 72, 75

Textregister

Dar el-Bacha 45
Dar el-Hajar 20
Dar el-Haoura 25
Dar Moha 7, 63, 77
Dar-Si-Saïd-Museum 7, 22f, 45, 68, 69
Dar YacoutLatitude 77
Dattelfest (Erfoud) 102
David Bloch Gallery 40
Day, Doris 34, 43
De Gaulle, Charles 43
Debbouze, Jamel 41
Delevingne, Poppy 42
Deneuve, Catherine 34
Der Mann, der zu viel wusste 34
Dorfmärkte 62
Drâa-Tal 101

E
Ech-Cheikh, Mohammed 95
Église des Saints-Martyrs de Marrakech 79, 81
Einreise 108
El-Fenn 49, 112
El-Mansour, Sultan Ahmed 31
Ensemble Artisanal 70, 76, 81
Erfoud 102f
Erg-Chebbi-Dünen 102
Errachidia 102
Esel 53
Essaouira 43, 62, 86–91
   Attraktionen 87–89
   Festival Gnaoua & World Music 89
   Hotels 90
   Karte 86
   Restaurants 91
   Spaziergang 89
Etablissement Bouchaib 27, 70
Etikette 108
Europäischer Friedhof 80

F
Fahrer 107
Farnatchi Spa 47
Feiertage, islamische 110
Feilschen 110f

Fès, Vertrag von 39
Festival International du Film de Marrakech 40
Festival National des Arts Populaires 41
Festungsanlagen (Essaouira) 87, 89
Film 43, 88, 96, 100
   Atlas Corporation Studios 101
   Festival International du Film de Marrakech 40
Flint, Bert 69
Flugreisen 106f
Fondation Omar Benjelloun 74
Fondouks 16, 72f
Französische Herrschaft 39
Französische Sprache 109
   Sprachführer 126f
Frauen
   Allein reisende Frauen 109
   Etikette 108
Freizeitaktivitäten 55
Freud, Esther 39
Friedhöfe
   Europäischer Friedhof 80
   Jüdischer Friedhof Miâara 52, 67
Führungen 110f
   Souks 17

G
Galerie 127 40
Galerie Damgaard (Essaouira) 88
Galerie Love (Jardin Majorelle) 33
Galerie Rê 41
Gebäck 59
Gebetsräume/-säle
   Medersa ben Youssef 29
   Saadier-Gräber 26
Gebetszeiten 20
Geld 109
Gerbereien 25, 74
Geschichtenerzähler 13, 15
Gesundheit 108, 109
Getty, John Paul Jr. 42

Gimbri 15
Glaoui-Familie 98f, 100, 102
Gnaoua 15, 40, 89
Golf 52, 53, 55
Goulmima 102
Goundafi-Berber 93
Grab des Youssef ben Tachfine 21
Grand Café de la Poste 7, 57, 81, 83
Gründung Marrakechs 38
Guéliz *siehe* Neustadt

H
Hafen (Essaouira) 88, 89
Haggag, Hassan 41
Hakmoun, Hassan 41
Hamilton, Richard 39
Hammam Dar el-Bacha 46
Hammam de la Rose 46
Hammam Ziani 46
Hammams & Spas 46f
Handy 109
Harira 59
Harris, Walter 39
Hendrix, Jimi 89
Hennamalerei 15
Heritage Spa 46
Hippies 80, 89
Historische Ereignisse 38f
Hitchcock, Alfred 34, 43
Hivernage 80
Hochsaison 110f
Holzschnitzereien 44
Hopkins, John 39
Hosali, Kate 80
Hostels 115–117
Hotels 111
   Essaouira 90
   Hostels & preiswerte Hotels 115–117
   Hotel-Tipps 111
   Internationale Häuser 113
   Kinderfreundliche Hotels 55
   Luxus-Riads & Luxushotels 112
   Palmeraie & Umland 117
   Tizi-n'Test-Pass 97
   Tizi-n'Tichka-Pass 103
Hufeisenbogen 45

I

Imlil 93, 94, 95
Impfungen 108
In Marrakech unterwegs 106f
Information 110
Innenhöfe 44
Innes, Miranda 39
Internationale Hotels 113
Islam 108
   Bestattungen 27
   Feiertage 110

J

Jardin Majorelle 11, **32f**, 50, 81, 84f
   Spaziergang 6f
Jarjeer Mule and Donkey Refuge 52
Jbel Aoulime 96
Jbel Guéliz 79
Jbel Toubkal 93, 94
Jbel Zagora 101
Jelloun, Tahar ben 41
Jemaa el-Fna 10, **12f**, 54, 67, 77
   Nachtmarkt **14f**, 67
   Restaurants 14, 15, 61, 71
   Spaziergang 6, 69
Jemaa el-Fna & Kasbah 66–71
   Attraktionen 67–69
   Karte 66
   Restaurants 71
   Shopping 70
   Spaziergang 69
Jnane el-Harti 51, 54, 78, 80
Jüdische Gemeinde
   Essaouira 87
   Marrakech 52, 67
Jüdischer Friedhof Miâara 52, 67

K

Kalaat M'Gouna 102
Kaleschen 12, 24f, 55, 106f
Kamelritte 100
Kartfahren 55
Kasbah (Marrakech) *siehe* Jemaa el-Fna & Kasbah
Kasbah (Taroudant) 95
Kasbah Aït ben Moro 103
Kasbah Aït Benhaddou 43, 64f, 100
Kasbah des Juifs 101
Kasbah du Toubkal 43, 64, 93, 94, 97
Kasbah Lamrani 103
Kasbah Talaat-n'Yacoub 93
Kasbah Tamadot 94, 97
Kasbah Taourirt 98
Kasbah Telouet 63, 99, 103
Kasbah Tifoultoute 99
Kasbah Timiderte 101
Kasbah Tioute 96
Kasbah-Moschee 26, 68
Kawkab Jeux 54
Kechmara 7, 56, 83
Kelaat M'Gouna 102
Keramik 18
Kerzen 18
Khaysuran-Pavillon (Palais el-Badi) 30
Kinder 54f
Kleidung 109
Klima 110
Kochkurse 55
Kosybar 57, 71
Koubba der Lalla Zohra 20
Koubba el-Badiyin 45, 75
Koubba el-Khamsiniya 26
Koutoubia-Moschee 8f, 10, **20f**, 45, 67
   Gärten 21, 51
   Geschichte 38
   minbar 30
   Spaziergang 6, 81
Krankenhäuser 108f
Kräuterärzte 12
Kreditkarten 109
Kultur 40f
Kunst 40f
Kunsthandwerk 18f
   Shopping 27, 70, 76, 82

L

La Famille 61, 77
La Maison Arabe 7, 46, 49, 77, 112
La Mamounia 6, 11, **34f**, 43, 112
   Gärten 50
La Pause 52
La Renaissance Hotel 79, 80
La Sultana 47, 112
Laternen 17, 18, 70
Latitude 31 61, 77
Le Churchill (La Mamounia) 35
Le Foundouk 60, 77
Le Jardin Secret 50
Led Zeppelin 43
Lederwaren 16, 19, 82
Les Bains de Marrakech 46
Literatur 39, 41
»Löwe des Atlas« (Thami el-Glaoui) 39, 75, 100
Luxus-Riads & Luxushotels 112

M

Maison de la Photographie 41
Majorelle, Jacques 32f, 35, 50, 81
Majorelle-Blau 32
Marathon 55
Märkte
   Aït Ourir 98
   Asni 94
   Bab el-Khemis (Flohmarkt) 25, 53
   Dorfmärkte 62, 94, 98, 101
   Marché Central 53, 81, 82
   Marché Couvert 69, 70
   Markt bei den Saadier-Gräbern 26
   Nachtmarkt 6, 10, **14f**, 67
   Zagora 101
   siehe auch Souks
Marokkanische Salate 58
Marokkanisches Gebäck 59
Marokko im Film 43
Marrakchi, Laïla 41
Marrakech Biennale 40
Marrakech für wenig Geld 110
   Hostels & preiswerte Riads 115–117
Marrakesch (Film) 28, 39, 43, 73, 75

Master Musicians of Jajouka 41
Mauerlöcher 44
Maxwell, Gavin 39
Mayne, Peter 39
Medersa ben Youssef 11, **28f**, 45, 74
 Spaziergang 6f
Medina (Essaouira) 89
Mellah 67
Mellah (Essaouira) 87, 89
Menara-Gärten 50
Menüs 58, 111
Meriniden 38
Merzouga 101, 102
M'Hamid 101
Mietwagen 107
Minarette 45
 Koutoubia-Moschee 20f, 67
Ministero del Gusto 75
Minztee 58
Mode 19, 70, 76, 82
Mohammed IV., Sultan 51
Mohammed V., Sultan 39
Mohammed VI., Sultan 39, 69
Moscheen
 Almohaden-Moschee (Ruinen) 21
 Ben-Youssef-Moschee 29
 Kasbah-Moschee 26, 68
 Koutoubia-Moschee 6, 8f, 10, **20f**, 45, 67
 Mouassine-Moschee 72
 Tin Mal 45, 94, 95
Mouassine-Brunnen 72, 75
Mouassine-Moschee 72
Moulay Brahim 93
Moulay el-Hassan, Sultan 38
Moulay Ismaïl, Sultan 38
Moulay Mamoun, Prinz 50
Mountainbiking 55
Mouyal, Elie 41
Museen & Sammlungen
 Dar-Si-Saïd-Museum 7, 22f, 45, 68f
 David Bloch Gallery 40
 Galerie 127 40
 Galerie Damgaard (Essaouira) 88
 Maison de la Photographie 7, 41
 Musée Berbér 33, 50, 81
 Musée d'Art et de Culture de Marrakech 40
 Musée de Marrakech (MACMA) 74f
 Musée de Mouassine 40, 74f
 Musée de la Palmeraie 51
 Musée Sidi Mohamed ben Abdellah (Essaouira) 88f
 Musée Tiskiwin 69
 Musée Yves Saint Laurent 33
Musik 41
 Essaouira 89
 Gnawa 15, 89
 Nachtmarkt 14f. 67
Mustapha Blaoui 75, 76

N
Nachtmarkt 6, 10, **14f**, 61
Neustadt 78–83
 Attraktionen 79–81
 Karte 78
 Restaurants 83
 Shopping 82
 Spaziergang 81
Nikki Beach 57
Nomad 60, 77
Notfälle 108f

O
Oasiria 55
Öffnungszeiten 109
Orangensaftstände 12
Organisierte Reisen 107
Orwell, George 39, 42, 80
Ouarzazate 98, 100, 103
 Hotels 117
Oued el-Abid 62
Ouirgane 93
Oukaïmeden 55, 63
Ourika-Tal 55, 62

P
Pacha 57
Palais de la Bahia 7, 45, 68
Palais el-Badi 11, **30f**, 45, 68
 Spaziergänge 6, 69
Paläste
 Dar el-Bacha 75
 Palais de la Bahia 7, 45, 68
 Palais el-Badi 6, 11, **30f**, 45, 68f
 Palast von Mohammed VI. 69
Palmenhain von Tafilalt 102
Palmeraie 51
 Hotels 117
Palmeraie Palace 53, 117
Pantoffeln *siehe* *Babouches*
Parc National de Sous Moussa 96
Parfumherstellung 102
Parks & Gärten
 Agdal-Gärten 51
 Cyber Parc Arsat Moulay Abdeslam 51, 81
 Dar el-Houssoun (Taroudant) 51
 Jardin Majorelle 6f, 11, **32f**, 50, 81
 Jnane el-Harti 51, 54
 Koutoubia-Moschee 21, 51
 Le Jardin Secret 50
 Mamounia-Gärten 35, 50
 Menara-Gärten 50
 Musée de la Palmeraie 51
 Palais el-Badi 30
 Saadier-Gräber 27, 68
 Tansift-Garten 55
Pastilla 58
Pavillon der 50 Säulen (Koubba el-Khamsiniya; Palais el-Badi) 31
Pepe Nero 60, 71
Personen des kulturellen Lebens 41
Pisé 24, 25, 45
Place des 7 Saints 25
Place du 17 Novembre 79
Place Abdel Moumen ben Ali 79, 81

Place el-Alaouyine (Taroudant) 95
Place des Ferblantiers 69, 70
Place de la Liberté 79, 81
Place Moulay el-Hassan (Essaouira) 87, 89
Place Orson Welles (Essaouira) 88
Place Vendôme 82
Plant, Robert 43, 67
Polizei 108

Q
Quads 55, 100

R
Rabat 43
Radfahren 55
Rahba Kedima 16
Ramadan 108
Raum der zwölf Säulen (Saadier-Gräber) 26
Reinigungsbrunnen (Medersa ben Youssef) 29
Reiten 52, 54
Restaurants 60f
 Essaouira 91
 Jemaa el-Fna & Kasbah 71
 Neustadt 83
 Restaurant-Tipps 111
 Souks 77
 Unterhaltung 59
Riads 48f, 111
 Dar Attajmil 49, 114
 El-Fenn 49
 Essaouira 90
 Luxus-Riads 112
 Mittelklasse-Riads 114f
 Preiswerte Riads 115–117
 Riad Al Massarah 49, 114
 Riad AnaYela 48, 114
 Riad de Tarabel 112
 Riad Farnatchi 47f, 112
 Riad Kheirredine 48, 114
 Riad Kniza 36f, 48, 114
 Riad Noir d'Ivoire 47, 49, 115
 Tchaikana 49, 117

Tizi-n'Test-Pass 97
Tizi-n'Tichka-Pass 103
Rissani 102
Rolling Stones 41, 42, 80
Royal Mansour 47, 112
Rue Attarine (Essaouira) 89
Rue de Bab Agnaou 67
Rue de la Kasbah 26
Rue de la Liberté 81
Rue Riad Zitoun el-Jedid 67, 69
Rue Riad Zitoun el-Kedim 67, 69
Rue Semmarine 17
Rue Souk el-Fassis 29

S
Saadier 27, 38, 93
Saadier-Gräber 6, 11, **26f**, 68
Sahara 38, 98, 100, 102
Saint Laurent, Yves 32, 33, 42, 81
Salate 58
Schlacht von Alcácer-Quibir (»Schlacht der drei Könige«) 31
Schlangenbeschwörer 13
Schmuck 19, 70, 82, 102
 siehe auch Restaurants
Schrein von Sidi bel Abbes 75
Schrein von Sidi Mohammed el-Kebir 94
Schuhmacher 70, 82
Schülerzimmer (Medersa ben Youssef) 28
Schwarze Magie 16
Schwimmen 52f, 54, 57
Scorsese, Martin 43
Scott, Ridley 88
Sebastião, König von Portugal 31
Setti Fatma 62
Shopping
 Jemaa el-Fna & Kasbah 70
 Neustadt 82
 Shopping-Tipps 111
 Souks 76
Sicherheit 108

Sidi Ghanem 52
Sidi Ifni 96
Sieben Heilige 75
Skala du Port (Essaouira) 88
Skala de la Ville (Essaouira) 87
Skifahren 55, 63
Skoura 102f
Skoura-Tal 101
Sky Bar 6, 56
Smith, Will 34
Sonnenschutz 108
Souks 6, 7, 10, **16f**
 Bazar du Sud 76
 Souk des Babouches 17, 75
 Souk Berbère (Taroudant) 95
 Souk Cherifia 16
 Souk des Ferroniers 17
 Souk des Tapis 16
 Souk des Teinturiers 16, 73
 Souk el-Bab Salaam 16, 67, 69, 70
 Souk el-Kebir 16, 75
 Souk el-Khemis 25, 53
 Souk Jdid (Essaouira) 87, 89
 Taroudant 93, 95
 siehe auch Märkte
Souks (Stadtteil) 72–77
 Attraktionen 72–75
 Karte 72f
 Restaurants 77
 Shopping 76
 Spaziergang 75
Souvenirs **18f**
 Shopping 70, 76
Spanisches Viertel 81
Spas siehe Hammams & Spas
Spaziergänge
 Essaouira 89
 Jemaa el-Fna & Kasbah 69
 Neustadt 81
 Tizi-n'Test-Pass 95
 Tizi-n'Tichka-Pass 101
 Unbekanntes Marrakech 75

Textregister « 123

Vier Tage in Marrakech 6f
Zwei Tage in Marrakech 6
Speisen
  Kinderfreundliche Restaurants 54
  Kochkurse 55
  Nachtmarkt 14f, 67
  Restaurant-Tipps 111
  Spezialitäten 15, 58f
Spezialitäten 58f
Sport 55
Sprache 110
Sprachführer
  Arabisch 128
  Französisch 126f
Stadtmauer & Tore 6, 10, **24f**, 75
Stevens, Cat (Yusuf Islam) 89
Stewart, James 34, 43
Stone, Oliver 88
Störche 30
Strände
  Agadir 96
  Essaouira 87, 89
Strom 110
Stuckarbeiten 29, 44

T

Taddert 99, 101
Tadelakt 44
Tafraoute 96
Tagesausflüge 53, 62f
Tahanoute 94
Tajines 59
Tal der Kasbahs 101, 102
Taliouine 96
Tamergroute 101
Tameslohte 62f
Tamnougalt 101
Tamtattouchte 102
Tansift-Garten 55
Taros (Essaouira) 89, 91
Taroudant 51, 92, 93
  Spaziergang 95
Taschendiebe 108

Taxis 106f
Tazatine 43
Taznakht 96
Tchaikana 49, 117
Tennis 55
Teppiche 16, 18, 70, 76
Thami el-Glaoui 39, 75, 100
Théâtre Royal 80f
Théatro 57
Tichka-Plateau 95
Tin Mal 62, 92, 94f
Tinerhir 102, 103
Tinfou 101
Tizi-n'Test-Pass 62, 92–97
  Attraktionen 93–95
  Hotels 97
  Karte 92
  Nach Westen zur Küste 96
  Spaziergang 95
Tizi-n'Tichka-Pass 98–103
  Attraktionen 98–101
  Hotels 103
  Karte 98f
  Tal der Kasbahs 102
  Tour 101
Tiznit 96
Todra-Schlucht 102
Tore *siehe* Bab;
  Stadtmauer & Tore
Torhaus (Palais el-Badi) 31
Touren 110f
  Tizi-n'Tichka-Pass 101
  siehe auch Spaziergänge
Träger 12
Travestietänzer 14
Trinkgeld 111

U

Übernachten 112–117
  Essaouira 90
  Hostels & preiswerte Riads 115–117
  Hotel-Tipps 111
  Internationale Häuser 113

  Kinderfreundliche Hotels 55
  Luxus-Riads & Luxushotels 112f
  Mittelklasse-Riads 114f
  Palmeraie & Umland 117
  Tizi-n'Test-Pass 97
  Tizi-n'Tichka-Pass 103
Unbekanntes Marrakech 52f
Unterhaltung
  Jemaa el-Fna 12–15
  Restaurants 59
Unterirdische Gänge (Palais el-Badi) 31

V

Versicherung 108
Vorwahlen 109

W

Wahrsager 13, 15
Währung 109
Wandern 106
Wasserfälle (Cascades d'Ouzoud) 62
Wasserpark 55
Wasserverkäufer 13
Welles, Orson 43, 88
Wetter 110
Wharton, Edith 26, 39
Winslet, Kate 28, 73
Wüstentouren 100f

Y

Youssef ben Tachfine 21

Z

Zagora 101
Zahnzieher 12
Zappa, Frank 89
Zeit 110
Zellij 45
  Dar-Si-Saïd-Museum 22f
  Medersa ben Youssef 29
Zoll 108f
Züge 106f

Danksagung, Bildnachweis & Impressum

Autor
Der Journalist und Autor Andrew Humphreys lebt in London und ist ein großer Kenner des Nahen Ostens und Nordafrikas. Er hat in verschiedenen Printmedien Artikel über Marokko veröffentlicht und reist regelmäßig nach Marrakech.

Publishing Director Georgina Dee
Publisher Vivien Antwi
Design Director Phil Ormerod
Editorial Ankita Awasthi Tröger, Rachel Fox, Maresa Manara, Freddie Marriage, Sally Schafer, Penny Walker
Revisions Lucy Sienkowska, Akanksha Siwach, Priyanka Thakur
Commissioned Photography Alan Keohane
Design Tessa Bindloss, Bharti Karakoti, Marisa Renzullo, Ankita Sharma, Stuti Tiwari Bhatia
Jacket Design Richard Czapnik
Picture Research Taiyaba Khatoon, Ellen Root, Rituraj Singh
Cartography Zafar ul Islam Khan, Suresh Kumar, James Macdonald, Casper Morris
DTP Jason Little
Production Jude Crozier
Factchecker Mary Novakovich
Proofreader Kathryn Glendenning
Indexer Helen Peters

Bildnachweis

l = links; r = rechts; o = oben; u = unten; m = Mitte.

Wir haben uns bemüht, alle Copyright-Inhaber zu ermitteln. Sollte das in einigen Fällen nicht gelungen sein, bitten wir, dies zu entschuldigen. In der nächsten Auflage werden wir Versäumtes gern nachholen.

DK dankt folgenden Personen, Unternehmen und Bildarchiven für die Erlaubnis, Fotos zu reproduzieren:

123RF.com Tudor Antonel Adrian 11mru; Birgit Korber 32mu; Pulpitis 19mr; Oleg Seleznev 16–17.

33 rue Majorelle 82mlo.

4Corners SIME / Paolo Giocoso 14–15.

Alamy Stock Photo AA World Travel Library 27mo, 79ur, 80ol; AF archive 34ul; Africa 79o; AGE Fotostock 99ur; Bon Appetit 58ur; Paul Carstairs 88mu; Dbimages 96mlu; PE Forsberg 96or; Kevin Foy 17ol, 52or; FreeProd 18o; Adam Goodwin 10mlo, 13ur; Granger Historical Picture Archive 42ul; Grant Rooney Premium 14mlu; Rosemary Harris 25ur; Hemis 1, 3or, 52mlu, 53mro, 68mlo, 76mlu, 104–105; Idealink Photography 53u; imageBROKER 11ml, 35or; Images & Stories 70o; Franck Jeannin 84–85; Shirley Kilpatrick 13ur; Art Kowalsky 67u; Karol Kozlowski 4o; Alistair Laming 10ur; Chris Lawrence 27mru; Mark Lees 78ol; LOOK Die Bildagentur der Fotografen GmbH 47ur; Rob Matthews 20mlo; Eric Nathan 20mu; Efrain Padro 11or; Olga Popkova 59or; Quantum Pictures 22–23, 66mlo; Robertharding 2ol, 3ol, 8–9, 35mru, 64–65; Grant Rooney 54o, 93ur; Shoults 38mlo; Dave Stamboulis 87ul; Paul Strawson 86mlo; Paul Street 26mlu; Kevin Su 100or; Sebastian Wasek 31or; Tim E. White 56mlu, 76mlo; Jan Wlodarczyk 4mru, 50ol, 88o; Andrew Woodley 30ml; Patrizia Wyss 13ol.

AWL Images Mauricio Abreu 58ol.

Dar Al Hossoun Dominique Larosière 51mru.

Dar Daïf 103mr.

David Bloch Gallery 40ol.

Dreamstime.com Tudor Antonel Adrian 80u; Dbajurin 4u; Devy 12ml; Rene Drouyer 11m; Flavijus 19or; Freeshot 24–25; Abdul Sami Haqqani 25ol; Jahmaican 21or; Javarman 10ml; Thomas Jurkowski 7mr; Kemaltaner 4ml; Sergii Koval 59ml; Karol Kozlowski 50u, 62or, 75ml; Madrugadaverde 10mr; Masar1920 20–21; Giuseppe Masci 32–33; Mbasil 6mlo; Paweł Opaska 12ur, 102mlo; Piotr Pawinski 4mlu; Pipa100 29ol; Andrea Poole 81mlo; Ppy2010ha 59mu; Sspezi 17ul; Bidouze Stéphane 29ul; Simon Thomas 18mu; Anibal Trejo 28–29, 30ur, 31mlu; Sergii Velychko 30–31; Witr 99o; Yakthai 10ul.

Dunes & Desert 55ur.

Getty Images Mauricio Abreu 26ur; Glen Allison 92ol; Bettmann 43mlo; Charles Bowman 89mlu; Bartosz Hadyniak 93o; Simeone Huber 101ml; Hulton Archive / H. F. Davis 35m; Ipsumpix 38u; Nadia Isakova 98ol, 100u; The John Deakin Archive 39or; Kelly Cheng Travel Photography 74ur; Jason Kempin 41ur; Izzet Keribar 74o; Jean-Pierre Lescourret 44or,

Danksagung, Bildnachweis & Impressum « 125

61mru; Lonely Planet 46ul, 54mu, 72mlo; Movie Poster Image Art 43ur; Martin Moxter 26–27; Conde Nast Collection/Patrick Lichfield 42mr; Laurie Noble 73ur; Richard T. Nowitz 28mlu, 44u; Sergio Pitamitz 15ol; Massimo Pizzotti 68u; Paul Quayle 15mru; Reporters Associes 39ml; Robertharding/Matthew Williams-Ellis 32ml; Abdelhak Senna 33ol; Paul A. Souders 12m; Mark Thomas 29mru; Yvan Travert 87or.

Hotel Villa Maroc 90o.

iStockphoto.com Fafou 24mlu; FrankvandenBergh 45or; GuyBerresfordPhotography 19mlu; Bartosz Hadyniak 102u; Lukasz Janyst 7or; javarman3 45ml; Sylwia Kania 94–95; Zdenek Last 58m; Elzbieta Sekowska 33mr.

Kasbah du Toubkal (www.kasbahdutoubkal.com) Alan Keohane 63u.

Kasbah Tamadot 97ur.

Kechmara 83ur.

La Maison Arabe 49mru.

La Mamounia 11ml, 34–35, 35ul, 67mro.

La Sultana Hotels 47o.

Le Foundouk 60ol, 77mru.

Maison de la Photographie 41ol.

Maison Tiskiwin 69ol.

Marrakech Biennale 40mru.

Nikki Beach 57u.

Nomad 60u.

Oasiria 55ml.

Pepe Nero 71mr.

Photoshot PYMCA 57or; Retna Pictures / Starface 42ol.

Riad Farnatchi 48ur.

Riad Kniza 2or, 4mr, 36–37, 48o.

Robert Harding Picture Library Stefan Auth 4mlo; Ethel Davies 94ol; Lee Frost 16mlu; Christian Kober 63or.

Taros 91ur.

Umschlag
Vorderseite & Buchrücken:
Dreamstime.com Sspezi

Rückseite:
Dreamstime.com Danmir12

Sheet Map
Dreamstime.com Sspezi

Alle anderen Bilder
© Dorling Kindersley.
Weitere Informationen unter
www.dkimages.com

DK | Penguin Random House

Texte Andrew Humphreys
Fotografien Alan Keohane
Kartografie Zafar ul Islam Khan, Suresh Kumar, James Macdonald, Casper Morris
Redaktion & Gestaltung Dorling Kindersley Ltd., London

© 2008, 2019 Dorling Kindersley Ltd., London
A Penguin Random House Company
Für die deutsche Ausgabe: © 2011, 2019 Dorling Kindersley Verlag GmbH, München
Ein Unternehmen der
Penguin Random House Group

Aktualisierte Neuauflage 2019 / 2020

Alle Rechte vorbehalten. Reproduktion, Speicherung in Datenverarbeitungsanlagen, Wiedergabe auf elektronischen, fotomechanischen oder ähnlichen Wegen, Funk und Vortrag – auch auszugsweise – nur mit schriftlicher Genehmigung des Copyright-Inhabers.

Programmleitung Dr. Jörg Theilacker, DK Verlag
Projektleitung Stefanie Franz, DK Verlag
Übersetzung Barbara Rusch, München
Redaktion Birgit Walter, Augsburg
Schlussredaktion Petra Zanner, Berlin
Satz & Produktion DK Verlag
Druck RR Donnelley Asia Printing Solutions Ltd., China
ISBN 978-3-7342-0607-8
5 6 7 8 9   22 21 20 19

Sprachführer: Französisch

Notfälle

Hilfe!	Au secours!
Stopp!	Arrêtez!
Rufen Sie einen Arzt!	Appelez un médecin!
Rufen Sie einen Krankenwagen!	Appelez une ambulance!
Rufen Sie die Polizei!	Appelez la police!
Rufen Sie die Feuerwehr!	Appelez les pompiers!

Grundwortschatz

Ja	oui
Nein	non
Bitte	s'il vous plait
Danke	merci
Entschuldigung!	Excusez-moi!
Guten Tag!	Bonjour!
Auf Wiedersehen!	Au revoir!
Guten Abend!	Bonsoir!
Was?	quel?/quelle?
Wann?	quand?
Warum?	pourquoi?
Wo?	où?
Morgen (Tageszeit)	le matin
Nachmittag	l'après-midi
Abend	le soir
morgen	demain
heute	aujourd'hui
gestern	hier

Nützliche Redewendungen

Wie geht es Ihnen?	Comment allez-vous?
Sehr gut, danke.	Très bien, merci.
Ich freue mich, Sie kennenzulernen.	Enchanté de faire votre connaissance.
Wo ist/sind …?	Où est/sont …?
Wie komme ich nach …?	Quelle est la direction pour …?
Sprechen Sie Deutsch?	Parlez-vous allemand?
Sprechen Sie Englisch?	Parlez-vous anglais?
Ich verstehe nicht.	Je ne comprends pas.
Verzeihen Sie!	Excusez-moi!

Nützliche Wörter

groß	grand
klein	petit
heiß	chaud
kalt	froid
gut (Adjektiv)	bon
gut (Adverb)	bien
schlecht	mauvais
offen	ouvert
geschlossen	fermé
links	gauche
rechts	droit
Eingang	l'entrée
Ausgang	la sortie
Toilette	les toilette

Shopping

Wie viel kostet das?	C'est combien, s'il vous plait?
Ich hätte gerne …	Je voudrais …
Haben Sie …?	Est-ce que vous avez …?
Nehmen Sie Kreditkarten?	Est-ce que vous acceptez les cartes de crédit?
Wann öffnen Sie?	A quelle heure êtes-vous ouvert?
Wann schließen Sie?	A quelle heure êtes-vous fermé?
das hier	celui-ci
das da	celui-là
teuer	cher
billig	pas cher, bon marché
Konfektionsgröße	la taille
Schuhgröße	la pointure
weiß	blanc
schwarz	noir
rot	rouge
gelb	jaune
grün	vert
blau	bleu

Läden & Märkte

Antiquitätenladen	le magasin d'antiquités
Apotheke	la pharmacie
Bäckerei	la boulangerie
Bank	la banque
Buchladen	la librairie
Feinkostladen	l'épicerie fine
Gemüsehändler	le marchand de légumes
Geschenkeladen	le magasin de cadeaux
Käseladen	la fromagerie
Kaufhaus	le grand magasin
Konditorei	la pâtisserie
Lebensmittelladen	l'alimentation
Markt	le marché
Metzgerei	la boucherie
Postamt	la poste, le bureau de poste, les PTT
Reisebüro	l'agence de voyage
Supermarkt	le supermarché
Tabakladen	le tabac
Zeitungshändler	le magasin des journaux

Sightseeing

Bahnhof	la gare
Bibliothek	la bibliothèque
Busbahnhof	la gare routière
Garten	le jardin
Kirche	l'église
Kunstgalerie	la galerie d'art
Museum	le musée
Rathaus	l'hôtel de ville
Tourismusinformation, Fremdenverkehrsamt	renseignements touristiques, le syndicat d'initiative

Sprachführer: Französisch

Im Hotel

Haben Sie ein freies Zimmer?	Est-ce que vous avez une chambre?
Doppelzimmer, mit Doppelbett	la chambre à deux personnes, avec un grand lit
Zweibettzimmer	la chambre à deux lits
Einzelzimmer	la chambre à une personne
Zimmer mit Bad / Dusche	la chambre avec salle de bains / une douche
Ich habe reserviert.	J'ai fait une réservation.

Im Restaurant

Haben Sie einen Tisch frei?	Avez-vous une table libre?
Ich möchte einen Tisch reservieren.	Je voudrais réserver une table.
Die Rechnung, bitte.	L'addition, s'il vous plaît.
Bedienung	Madame, Mademoiselle
Kellner	Monsieur
Speisekarte	le menu, la carte
Tagesmenü	le menu à prix fixe
Gedeck	le couvert
Weinkarte	la carte des vins
Glas	le verre
Flasche	la bouteille
Messer	le couteau
Gabel	la fourchette
Löffel	la cuillère
Frühstück	le petit déjeuner
Mittagessen	le déjeuner
Abendessen	le dîner
Hauptgericht	le plat principal
Vorspeise	l'entrée, le hors d'œuvre
Tagesgericht	le plat du jour
Café	le café

Auf der Speisekarte

l'agneau	Lamm
l'ail	Knoblauch
le beurre	Butter
la bière	Bier
le bifteck, le steak	Steak
le bœuf	Rindfleisch
bouilli	gekocht
le café	Kaffee
le canard	Ente
le chocolat	Schokolade
le citron	Zitrone
le citron pressé	gepresster Zitronensaft
cuit au four	gebacken
le dessert	Dessert
l'eau	Wasser
l'eau minérale	Mineralwasser
les escargots	Schnecken
le fromage	Käse
les frites	Pommes frites
le fruit frais	frisches Obst
les fruits de mer	Meeresfrüchte
le gâteau	Kuchen
la glace	Eis, Eiscreme
grillé	gegrillt
l'huile	Öl
le jambon	Schinken
le lait	Milch
les légumes	Gemüse
l'œuf	Ei
les oignons	Zwiebeln
l'orange pressée	gepresster Orangensaft
à point	medium
le pain	Brot
le poisson	Fisch
le poivre	Pfeffer
les pommes de terre	Kartoffeln
le porc	Schweinefleisch
le poulet	Huhn
le riz	Reis
rôti	gebraten
la saucisse	Wurst
le sel	Salz
la soupe, le potage	Suppe
le sucre	Zucker
le thé	Tee
la viande	Fleisch
le vinaigre	Essig
le vin rouge	Rotwein
le vin blanc	Weißwein

Zahlen

0	zéro
1	un, une
2	deux
3	trois
4	quatre
5	cinq
6	six
7	sept
8	huit
9	neuf
10	dix
11	onze
12	douze
13	treize
14	quatorze
15	quinze
16	seize
17	dix-sept
18	dix-huit
19	dix-neuf
20	vingt
30	trente
40	quarante
50	cinquante
60	soixante
70	soixante-dix
80	quatre-vingts
90	quatre-vingt-dix
100	cent
1000	mille
1 000 000	million

Zeit

eine Minute	une minute
eine Stunde	une heure
eine halbe Stunde	une demi-heure
ein Tag	un jour
eine Woche	une semaine
ein Monat	un mois
ein Jahr	un an
Montag	lundi
Dienstag	mardi
Mittwoch	mercredi
Donnerstag	jeudi
Freitag	vendredi
Samstag	samedi
Sonntag	dimanche

Sprachführer: Arabisch

Aussprache

Die vereinfachte Phonetik in diesem Reiseführer soll vor allem zweckdienlich sein und den Reisealltag erleichtern.

a	wie in »Rabe«
'a	gepresster, ganz hinten in der Kehle gebildeter Reibelaut
ä	wie in »Bäder«
ch	wie in »lachen«
dsch	wie in engl. »Jim«
e	wie in »Held«
gh	ungerolltes Gaumen-r wie in »Karin«
i	wie in »Lied«
q	stimmloser Verschlusslaut, im Hals gesprochen, tiefer als »k«
th	wie in engl. »three«
w	wie in engl. »wine«
z	stimmhaftes s, wie in »Reise«

Nützliche Wörter & Sätze

Ja / Nein	na'am / lä
Danke	schukran
Nein danke	lä schukran
Bitte (als Bitte um etwas)	min fadlika
Guten Morgen	seba al-chäir
Guten Abend	mesä al-chäir
Auf Wiedersehen	ma'a as-selläme
Entschuldigen Sie bitte.	min fadlika.
Ich verstehe nicht.	lä efhem.
Sprechen Sie Deutsch / Englisch?	hel tetekellem älmänie / ingliezie?
Ich spreche nicht Arabisch.	lä ätekellem 'arabie.
Wie geht's?	kejfe haluke?
Das tut mir leid!	äsif!
Können Sie mir helfen?	tastati 'a musä'adatie?
Wo ist die Toilette?	ejne al-tuwalet?
Das ist nett von Ihnen!	lutfun minke!
links	jesar
rechts	jemien
oben	fauq
unten	esfel
Wenn Allah will.	inschala.
Willkommen!	merhaba!
Auf dein / Ihr Wohl!	fi sihatika!
Alles Gute!	atieb al-umnijän!

Notfälle

Hilfe!	an-nadschat!
Ich suche einen Arzt.	uried al-tabieb.
Wo ist das nächste Telefon?	ejne aqrab telefun?
Wo ist ein Krankenhaus?	ejne al-musteschfa?

Im Hotel

Gibt es freie Zimmer?	hel ledejkum ghorfa?
Doppelzimmer	ghorfat li schachsien
Einzelzimmer	ghorfat li schachs wähid
Dusche	dusch

Shopping

Ich möchte …	uried …
Haben Sie …?	hal 'aindake …?
Was kostet das?	bikem häze?
Ich zahle dafür …	bi edf'a …
Wo kann ich bezahlen?	ejne edf'a?
Einkaufen	jeschterie
Laden	mehel

Sightseeing

Haus	bejt
Kirche	keniesa
Moschee	dschäm'a
Museum	mathaf
Palast	qasr
Platz	midan
Strand	schati
Straße	schäri'a

Im Restaurant

Einen Tisch für eine / zwei Personen, bitte.	tawla li schachs wähid / ithnäjn.
Die Rechnung, bitte.	mumkin al-hisäb, min fadlika.

Auf der Speisekarte

Couscous	kuskus
Dessert	helewijät
Falafel	feläfel
Fisch	semek
Fleisch	lähm
Fleischbällchen	kufta
Gebäck mit Nüssen & Sirup	konäfe
Gemüse	chudar
Huhn	dedschädsch
Hummus	hummus
Joghurt	leben
Obst	fawake

Tage & Zeiten

Montag	yaum al-ithäjn
Dienstag	yaum athulethä
Mittwoch	yaum al-arbia
Donnerstag	yaum al-chämies
Freitag	yaum al-dschum'a
Samstag	yaum as-sebt
Sonntag	yaum al-ähäd
heute	al-jaum
gestern	ems
morgen	bukra

Zahlen

0	sifr
1	wähid
2	ithnäjn
3	theläthe
4	arb'a
5	chamsa
6	sitta
7	seb'a
8	themänieje
9	tis'a
10	'aschara
11	ähed 'aschara
12	ithä 'aschara
13	theläthet 'aschara
14	arb'at 'aschara
15	chamsat 'aschara
16	sittat 'aschara
17	seb'at 'aschara
18	themänijat 'aschara
19	tis'at 'aschara
20	'ashrun
21	wähidwa 'ashrun
30	theläthun
40	arb'aun
50	chamsun
60	sittun
70	seb'aun
80	themänun
90	tis'aun
100	mia